Wein erleben in Südtirol

Auf der Jagd nach Südtiroler Weinen

WEINVINOWINE safari SÜDTIROLER WEINSTRASSE

Die WeinSafari entlang der Südtiroler Weinstraße ist eine spannende Entdeckungsreise durch die Geheimnisse der Weinkulturlandschaft Südtirols.

Die Südtiroler Weinstraße ist eine Weinlandschaft mit Ecken und Kanten, die man am besten in freier Wildbahn erkundet.
Jeden ersten Donnerstag im Monat, findet die *WineSafari* ab einer Gruppengröße von zehn Personen statt.
Der Besuch von jeweils drei, immer neuen Kellereien, spannende Weinverkostungen, ein Degustations-Mittagsmenü und jede Menge Weinwissen stehen genauso auf dem Programm dieses Abenteuer-Ausflugs wie Streifzüge und Wanderungen durch die Weinberge, persönliche Gespräche mit den Winzern sowie ein intensiver Blick in die Kellereien und die Produktion.

www. suedtiroler-weinstrasse.it/weinsafari

Die Gästekarte

WINE pass PLUS

... **WinepassPlus** öffnet Ihnen die Türen zur faszinierendenWelt der Südtiroler Weinstraße. Damit steht Ihnen ein attraktives **Weinprogramm an der gesamten Südtiroler Weinstraße** zur Verfügung. Die Gästekarte ermöglicht Ihnen des Weiteren die unbegrenzte Nutzung aller **öffentlichen Verkehrsmittel und den Eintritt in über 80 Museen** in ganz Südtirol.

Der Winepass Plus ist bereits im Zimmerpreis unserer Partnerbetriebe inbegriffen.

www.suedtiroler-weinstrasse.it/winepass

Südtiroler Weinstraße
STRADA DEL VINO

Informationen & Anmeldung:
www.suedtiroler-weinstrasse.it
info@ suedtiroler-weinstrasse.it
Tel. 0471 860 659

FOLIO
SÜDTIROL
ERLEBEN

Christoph Tscholl / Angelika Deutsch

Wein erleben in Südtirol

Ausgewählte Weingüter und Kellereien

Folio Verlag Wien – Bozen

Dieses Buch entstand unter Mitarbeit von Cornelia Pechlaner.
Ein Dank geht an Marion Untersulzner, Norbert Steinkeller und Meraner Weinhaus – Pur Südtirol.

HINWEIS

Die Auswahl der Weingüter und Kellereien für diesen Führer trafen die Autoren nach ihren subjektiven Kriterien; sie war nicht an einen finanziellen Beitrag der jeweiligen Betriebe gebunden. Alle Angaben erfolgen nach bestem Wissen und Gewissen. Sämtliche Informationen wurden gewissenhaft recherchiert, doch die Südtiroler Weinwirtschaft ist ständig in Bewegung: Das Angebot an Weinen, die Weinbezeichnungen, die Öffnungszeiten usw. können sich kurzfristig ändern. Daher empfehlen wir Ihnen, sich vor Ihrem Besuch bei den einzelnen Betrieben telefonisch zu informieren.
Die beschriebenen Ausflüge werden auf eigenes Risiko unternommen; Autoren und Verlag übernehmen keine Haftung. Wir empfehlen die Mitnahme von geeignetem Kartenmaterial oder Sie planen Ihre Wanderung mithilfe von www.alpenvereinaktiv.com.

TIPP

Wer auf Wein-Tour ist, reist am besten mit öffentlichen Verkehrsmitteln.

Fahrplan- und Tarifauskunft für Bus und Bahn: www.sii.bz.it, Tel. 840 000 471

Autobuslinien: www.sad.it; Vinschger Bahn Meran–Mals: www.vinschgerbahn.it, Italienische Staatsbahnen: www.trenitalia.com.

BILDNACHWEIS

Frieder Blickle: S. 189; Brunnenhof/Ludwig Thalheimer: S. 156, 157; EOS/Florian Andergassen: Umschlagbild, S. 7, 10, 11, 12, 21, 23, 24, 187; EOS/Frieder Blickle: S. 8; EOS/Freddy Planinschek: S. 14; Erste+Neue Kellerei/Maurice Haas: S. 118, 119; Kellerei Terlan/Udo Bernhart: S. 20, 56, 57; Landesweingut Laimburg/Christian Gufler: S. 162; Landesweingut Laimburg/Anton Seppi: S. 163; Marketinggesellschaft Meraner Land/Frieder Blickle: S. 19, 190; Südtirol Marketing Gesellschaft/Clemens Zahn: S. 22; Südtiroler Weinstraße: S. 188; Vinschgau Marketing/Frieder Blickle: S. 18.

Infografiken (S. 17 und hintere Umschlaginnenklappe): noparking, mit freundlicher Genehmigung von EOS und Südtirol Wein.
Alle anderen Fotos wurden von den jeweiligen Betrieben zur Verfügung gestellt.
Umschlagbild: Weingut Baron Longo, Neumarkt

Vollständig aktualisierte Neuausgabe des Titels: „Wein erleben in Südtirol" von Tobias Hierl und Christoph Tscholl
Lektorat: Petra Tappeiner
Grafikkonzept: no.parking, Vicenza
Satz und Druckvorstufe: Typoplus, Frangart
Printed in Italy
ISBN 978-3-85256-676-4
www.folioverlag.com

Inhaltsverzeichnis

VORWORT

Der Südtiroler Wein hat in den vergangenen Jahrzehnten einen wahren Höhenflug hingelegt. Möglich wurde dies durch die engagierte Arbeit der Genossenschaften, der Privatkellereien und der vielen jungen Weinbauern, die ihre Vorstellungen in die Tat umsetzten. Sie alle und ihre Weingüter samt Keltertürmen und Kellern stehen im Mittelpunkt dieses Wein-Erlebnis-Buches. Wir bieten darin eine Auswahl von 79 der insgesamt rund 130 Genossenschaftskellereien, Weingüter (Privatkellereien) und Eigenbauwinzer in Südtirol. Wir stellen eine ganze Palette an Betrieben vor: von den kleinen, nur wenige Hektar umfassenden Höfen bis zu den mehrere hundert Mitglieder zählenden Genossenschaften. Auswahlkriterien waren neben der gebotenen Qualität die schöne Lage des Weinguts, der historische Keller, das private Weinmuseum, das Rebenlabyrinth, die kommentierte Weinverkostung, der geführte Spaziergang durch den Weingarten, die Kellerführung, der Weinverkauf oder andere Angebote, die es ermöglichen, den Südtiroler Wein mit allen Sinnen zu erleben. In allen beschriebenen Betrieben sind Besucher herzlich willkommen. Doch da besonders bei Kleinbetrieben jeder im Einsatz ist, ist eine Anmeldung des Besuches immer angeraten, besonders, wenn Sie bei einem Gespräch etwas mehr über den Winzer und seine Weine erfahren möchten. Und wenn Sie dann zu Hause die eine oder andere Flasche erlesenen Südtiroler Weins öffnen, kennen Sie auch den Menschen und die Geschichten dahinter.

Weinselige Stunden wünschen Ihnen
Christoph Tscholl und Angelika Deutsch

Die Südtiroler Weinkultur

Der Weinbau in Südtirol blickt auf eine lange Tradition zurück. Schon vor mehr als 3.000 Jahren wurde am Südbalkon der Alpen Wein angebaut, wie zahlreiche Funde belegen. 1915 waren mehr als 10.000 ha bepflanzt, eine fast doppelt so große Fläche wie heute. Doch die Rebflächen wachsen wieder beständig und sind mittlerweile bei ca. 5.300 ha angelangt. Heute ist Südtirol ein höchst lebendiges Weinbaugebiet, aus dem einige der besten Weine Italiens stammen. Drei unterschiedlich große Gruppen sind für diesen Erfolg verantwortlich: zum einen die Genossenschaften mit rund 65 % der Weinproduktion, dann die Privatkellereien, die für etwa 30 % verantwortlich zeichnen und nicht zuletzt die immer größer werdende Gruppe der Eigenbauwinzer (Freie Weinbauern), die ihre ganz eigenen Vorstellungen von Wein in die Praxis umsetzen. In Südtirol kann man aus einer breiten Sortenvielfalt wählen. Über 20 weiße und rote Sorten werden angepflanzt. Möglich ist diese Vielfalt zum einen durch geeignete Böden, die unterstützend auf die Pflanzen wirken, und zum anderen durch das milde Klima. Geschützt durch die Alpen vor den trockenen und kalten Nordwinden, ist das Land offen für die warmen Winde vom Gardasee. Hinzukommen rund 1.800 Sonnenstunden im Jahr, die den Trauben gut tun, aber meist auch eine künstliche Bewässerung erforderlich machen. Angebaut wird der Wein auf einer Höhe von 200 bis über 1.200 m.

Bei den Weißweinen ist die Vorreiterrolle Südtirols unbestritten. Die frischen und geschmeidigen, duftigen und doch vollen Weine (wie der Weißburgunder, der Sauvignon blanc und natürlich der Gewürztraminer) erreichen ein hohes Qualitätsniveau. Doch auch bei den Rotweinen sind die Südtiroler Winzer für Überraschungen gut. Nach wie vor dominieren der Vernatsch mit seinen Spielarten und der Lagrein. Es gibt kaum einen Winzer, der nicht eine oder beide dieser landestypischen Sorten im Programm hat. Hier werden feine Nuancen herausgearbeitet und höchst elegante Weine erzeugt, die nicht nur als Begleiter für Speck und deftige Kost taugen. Ebenfalls ein hohes Niveau erreichen die Blauburgunder, Cabernets und Merlots.
Viele Winzer vertrauen auf neue Anbaumethoden. Oft haben biologische oder gar biodynamische Verfahren Einzug gehalten, viele Betriebe befinden sich gerade in der Umstellungsphase – ein Zeichen für den sorgsamen Umgang mit der Natur. Trotz der teilweise sehr harten Arbeitsbedingungen an den Steilhängen zeichnen sich die Südtiroler Weine überdies meist durch ein überzeugendes Preis-Leistungs-Verhältnis aus. Südtirol zählt zu den wichtigsten Weinanbaugebieten Italiens. Mit Stolz blickt die Weinszene auf renommierte Auszeichnungen wie etwa die „Drei Gläser", die der wichtigste italienische Weinführer *Vini d'Italia* (herausgegeben von *Gambero Rosso*) vergibt, oder die „5 Grappoli" von *Bibenda* sowie Prämierungen in nationalen, aber auch internationalen Weinführern wie *Veronelli, Espresso, Vinum, Fallstaff, Decanter, Wine Spectator* u. a.

GLOSSAR

Die wichtigsten Begriffe rund um den Wein

AUSBAU | Je nach Wein- und Geschmackstyp erfolgt die Weiterverarbeitung und Lagerung der Weine in Stahl- oder Betontanks, in großen Holzfässern oder Barriques, auch Tonamphoren kommen da und dort zum Einsatz. Für Qualitätsweine gelten in Italien dafür sehr detaillierte Vorschriften.

AUTOCHTHON | „Alteingesessen". Zu den seit alters her heimischen Rebsorten, die wohl auch in Südtirol ihren Ursprung haben, zählen der Lagrein und der Vernatsch.

BARRIQUE | Neben großen und alten, oft auch mit Schnitzereien versehenen Holzfässern haben sich auch kleinere Einheiten, wie das Barrique mit 225 l Fassungsvermögen, durchgesetzt. In diesen Fässern werden hochwertige Weine ausgebaut, für deren Holz oft französische Eiche aber auch andere Holzarten wie Akazie verwendet werden. Die Weine erhalten dadurch die Röstaromen und einen feinen Vanilleton. Je jünger das Fass, desto intensiver kommen diese Noten zum Ausdruck.

BIODYNAMISCHER WEINBAU | Sonderform des biologischen Weinbaus, der auf Rudolf Steiner zurückgeht. Die Naturkräfte der Rebe sollen etwa durch Hornmist- oder Hornkieselpräparate gestärkt werden. Wichtig ist auch der Einfluss der Mondphasen, die bei den Arbeiten im Weinberg und Keller berücksichtigt werden.

BIOLOGISCHER WEINBAU | Selbstregulierungsmechanismen des Ökosystems Weinberg sollen hier gestärkt werden. Deshalb wird auf

Kunstdünger, Herbizide und Pestizide verzichtet, Grün- und Kompostdüngung sowie der Einsatz von Nützlingen werden forciert.

BOTRYTIS | Ein spezieller Pilz, der den Trauben Wasser entzieht und die Zuckerkonzentration erhöht. Von Edelfäule befallene Trauben sind die ideale Grundlage für Süßweine. Unerwünscht sind hingegen die Graufäule sowie Botrytis bei Trauben für trockene Weine.

CUVÉE | Verschnitt aus verschiedenen Rebsorten, aus denen der Wein gekeltert wird. Der Verschnitt der Weine erfolgt beim Ausbau.

DOC | „Denominazione di Origine Controllata" wird in Italien für die gesicherte Ursprungsbezeichnung verwendet.

DRAHTRAHMEN ODER GUYOT-ERZIEHUNG | Moderne Erziehungsmethode, bei der die Triebe der Reben jedes Jahr an drei oder vier übereinander angebrachten Drähten aufgebunden werden. Die Traubenproduktion wird dadurch begrenzt, die Trauben sind im Vergleich zum traditionellen Pergelsystem stärker der Sonne ausgesetzt.

EDELSTAHLTANK | Wenn Weine sehr frisch gewünscht werden, werden sie im Stahltank nicht nur vergoren, sondern auch ausgebaut. Diese Tanks sind meist mit einer Temperaturkontrolle versehen.

ERZIEHUNGSSYSTEM | Traubenstöcke benötigen Rankhilfen, je nach Sorte und Wuchs werden bestimmte Erziehungssysteme verwendet.

GROSSES HOLZFASS | Rot- wie Weißweine werden traditionell im großen Holzfass ausgebaut. Sie sind oft Jahrzehnte in Verwendung und mit zunehmendem Alter relativ geschmacksneutral. Es gibt sie in verschiedenen Größen bis zu 50 Hektoliter und mehr.

IGT | „Indicazione Geografica Tipica" ist die seit 1995 bestehende höchste Kategorie der Tafelweine.

PASSITO | Süßer Wein, der aus getrockneten Trauben gekeltert wird. Sie trocknen entweder am Stock, ähnlich den Trockenbeeren, die fast schon rosinenartig sind, oder werden in luftdurchlässigen Plastikkisten zum Trocknen ausgebreitet (früher Strohmatten).

PERGEL | Auch Pergolaerziehung. In Südtirol noch relativ weit verbreitet, aber stark im Rückgang begriffen. Die Rebstöcke werden an einem Holzgerüst hochgezogen und aufgebunden. Die Blätter bilden eine Art Dach über den Gängen.
Wird vor allem für Vernatsch und manchmal auch für Lagrein angewendet. Bei großer Hitze sind die Trauben durch das Blätterdach vor der Sonne geschützt.

RISERVA | Zusatzbezeichnung für italienische DOC-Weine. Sie müssen einen höheren Alkoholgehalt aufweisen und auch länger im Fass sowie in der Flasche gelagert worden sein (mindestens ein Jahr mehr), bevor sie in den Verkauf kommen.

RULÄNDER | Traditionelle Bezeichnung für den Grauburgunder oder Pinot Grigio, wird heute immer weniger verwendet.

SEKT | Sekt oder Schaumwein muss einen natürlichen Kohlensäuregehalt aufweisen und eine Flaschengärung absolviert haben. Bei einer Herkunftsangabe dürfen für die Grundweine ausschließlich Trauben aus diesem Gebiet verwendet werden. In Südtirol kommen als Grundweine vorwiegend Weißburgunder, Chardonnay und Blauburgunder in Frage.
Mittlerweile gibt es Schaumweine in Südtirol, die auch im Tankgärverfahren (Charmat-Methode) produziert werden.

STRAHLER | In Eppan gebräuchlicher Begriff für einen Weißwein, der als gemischter Satz gekeltert wird, wobei der Weißburgunder dominiert.

TAFELWEIN | Einerseits unterste Qualität der Weine, andererseits eine Möglichkeit für Winzer, mit Rebsorten zu experimentieren, die nicht DOC-konform sind. Können deshalb auch sehr teuer sein. Jahrgang und Rebsorte dürfen nicht angegeben werden.

TONNEAU | Holzfass von der Art eines großen Barriques mit einem Fassungsvermögen von 500 bis 700 Litern.

WIMMEN | In Südtirol gebräuchliche Bezeichnung für das Lesen der Trauben.

Die wichtigsten Südtiroler Weinsorten

WEISSWEINE

WEISSBURGUNDER | Wichtigste Weißweinsorte in Südtirol, auch als Pinot Bianco bekannt. Wird seit 1870 angebaut. Frisch und elegant mit kräftigem Körper und feinen Fruchtnoten, wie gelben Äpfeln, Birnen und Zitrus, aber auch Wiesenblumen.

CHARDONNAY | Zählt heute zu den beliebtesten Weißweinen, die auch gerne ins Barrique gelegt werden. Beim Boden eher anspruchslos, gedeiht die Rebe unter unterschiedlichsten Temperaturbedingungen. Trotzdem entstehen qualitativ hohe und oft wuchtige Weine.

GEWÜRZTRAMINER | Früher als eine der drei Südtiroler autochthonen Sorten bekannt, dies wurden inzwischen von Rebgenetikern widerlegt. Sie wird heute als „europäische" Rebsorte betrachtet. Im 15. Jh. angeblich die am meisten verbreitete Traube im Land. Sehr aromatisch, würzig, Duft von Rosen und exotischen Früchten, vor allem Litschi und Mango. Verlangt viel Fingerspitzengefühl beim Anbau. Der Wein ist langlebig und zeigt eine Eleganz, die ihn international begehrt macht.

MÜLLER-THURGAU | Eine Schweizer Züchtung aus Riesling und Gutedel aus dem Jahre 1882. Leichter und säurearmer Wein mit einem feinen Muskat-Ton. Vor allem im Eisacktal und im Vinschgau, aber auch anderen hohen Lagen verbreitet, wie z. B. im Südtiroler Unterland am Fennberg (1.000 m).

GOLDMUSKATELLER | Vom Muskateller gibt es zahlreiche Spielarten. Die qualitätsvollste Variante ist der Goldmuskateller, der sich durch eine intensive Muskatnase und reife, süßliche Fruchtaromen auszeichnet. Immer öfter auch trocken ausgebaut, meist aber als Spätlese oder Passito.

RULÄNDER | Auch Grauburgunder oder Pinot Grigio genannt. Die trockenen und milden, fruchtigen und vollen Weine waren einer der ersten Weinexportschlager der neuen Südtiroler Weinkultur.

SAUVIGNON (BLANC) | In den letzten Jahren immer beliebter werdende Sorte, wurde aber schon vor hundert Jahren in Terlan und Umgebung angebaut. Stammt ursprünglich aus Frankreich. Markante Nase mit einem Duft nach Gras, Flieder, schwarzen Johannisbeeren und Holunder, vor allem aber Stachelbeere und grüner Paprika.

SYLVANER | Alte Rebsorte mit großer Bedeutung im Elsass und Deutschland (vor allem Franken), aber auch in Südtirol, speziell im Eisacktal. Frisch, körperreich und mit guter Säure, gilt gemeinhin als nicht sehr langlebig, einige Exemplare beweisen aber durchwegs das Gegenteil.

KERNER | Erfolgreiche deutsche Neuzüchtung aus dem Jahre 1969, eine Kreuzung aus Trollinger (Vernatsch) und Riesling. Nicht sehr kapriziös im Anbau. Erbringt feine Weine mit kräftiger Säure, feiner Aromatik und schöner Frucht. Vorwiegend im Eisacktal zu Hause.

RIESLING | Eine anspruchsvolle und spät reifende Sorte, die kühle Anbaugebiete bevorzugt. Sie stammt ursprünglich aus Deutschland, ist kräftig und zeigt im Idealfall einen feinen Pfirsichduft, dazu Aprikose, Apfel und etwas Zitrus. Sehr langlebig. Wird vorwiegend in hohen Lagen angebaut, vor allem im Vinschgau und im Eisacktal.

ROTWEINE

VERNATSCH | Der Vernatsch ist nach wie vor die wichtigste Südtiroler Traubensorte. Die autochthone Sorte ist schon seit über 1.000 Jahren im Land heimisch. Daraus entstehen meist einfache, „trinkige" Weine in einem eher helleren Rot. Inzwischen gibt es aber durchaus dunklere, kräftigere Varianten, welche meist aus älteren Rebbeständen mit viel geringeren Hektarerträgen stammen und mittels spezieller Vinifizierungen und längerem Ausbau, meist in großem Holzfass, produziert werden. Von den verschiedenen Spielarten sind heute nur mehr Edelvernatsch und Grauvernatsch relevant. Sie werden als „Südtiroler" ausgebaut oder mit einer Herkunftsbezeichnung versehen. Die bekanntesten DOC-Weine sind Kalterersee, Meraner, Bozner Leiten und St. Magdalener, der als der kräftigste und beste Vernatsch-Wein gilt.

LAGREIN | Angeblich ist der Lagrein – eine autochthone Südtiroler Sorte – noch älter als der Vernatsch, also seit über 1.000 Jahren im Land heimisch. Daraus entstehen fruchtig-würzige, farbintensive Weine mit mäßigem Tanningehalt und Aromen von Veilchen, Pflaumen, dunklen Beeren und Mandeln. Bis in die 1980er-Jahre (als eher leichtere Weine gefragt waren) wurde der Lagrein als „Kretzer" (also als Rosé) ausgebaut. Heute wird er meist sortenrein oder als Cuvée ausgebaut und ist eines der Aushängeschilder des neuen Südtiroler Weins.

BLAUBURGUNDER | Eine der ältesten Rebsorten der Welt und seit über 150 Jahren in Südtirol heimisch. Besonders in der Gegend um Mazzon, in Girlan und im Vinschgau werden hohe Qualitäten geerntet. Durch die klimatischen Bedingungen kommen aus Südtirol die besten Blauburgunder Italiens.

CABERNET | Cabernet Sauvignon ist eine der populärsten roten Traubensorten und steht für feine und langlebige Weine mit Noten von Johannisbeere (Cassis), schwarzem Pfeffer und häufig auch grüner Paprika. In manchen Winzerbetrieben Südtirols wurde sie schon vor Generationen erstmals angepflanzt. Sie braucht warme Lagen und ergibt in Südtirol in guten Jahren beste Qualitäten.

MERLOT | In Südtirol immer beliebter werdende Sorte, da sie unter Südtiroler Bedingungen verlässliche Qualitäten liefert. Sie wird reinsortig oder als Cuvée meist gemeinsam mit Cabernet und/oder Lagrein ausgebaut, hat feine intensive Fruchtnoten, einen erhöhten Zuckergehalt und ist oft kraftvoll, mit Geschmack nach Johannisbeeren, Pflaumen und reifen Kirschen.

ZWEIGELT | Junge Rotweinsorte, die in Österreich 1922 aus einer Züchtung aus Blaufränkisch und St. Laurent entstanden ist. Reinsortig oder als Cuvée kann sie mit anderen Partnern recht gute Qualitäten bringen. Wird in Südtirol vorwiegend im Vinschgau und im Eisacktal angebaut.

ROSENMUSKATELLER (MOSCATO ROSA) | Stammt aus Sizilien und wird für Süßweine verwendet. Edle Weine mit einem leichten Rosenduft. Eher selten, da keine hohen Erträge erzielt werden.

DIE SÜDTIROLER WEINSORTEN NACH REBFLÄCHEN

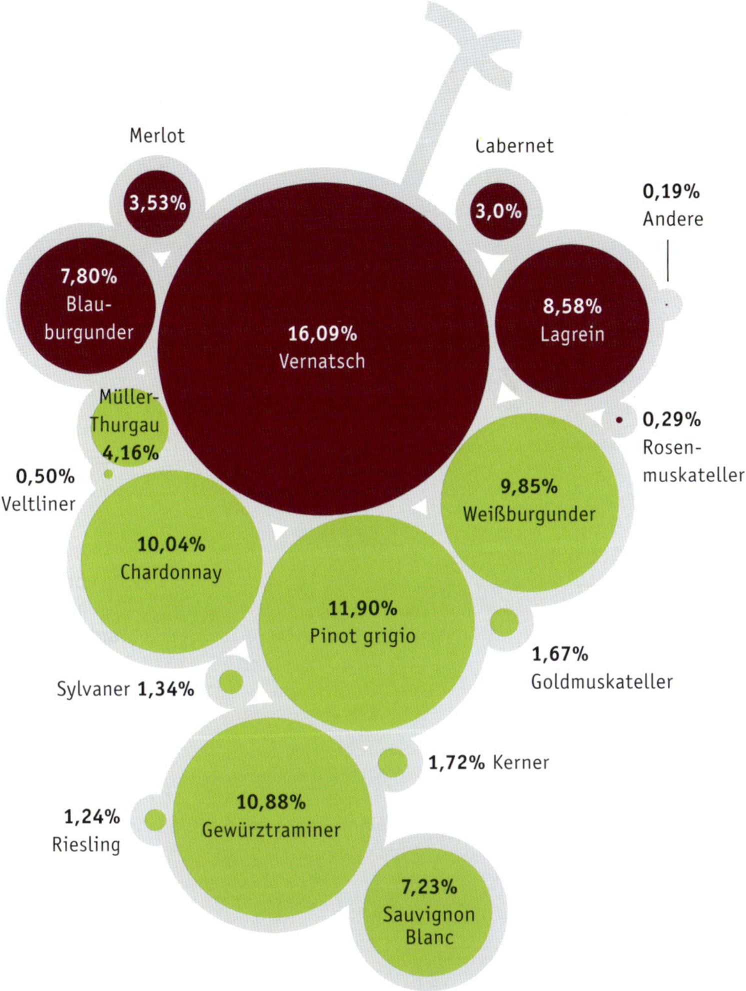

Die Südtiroler Weinbauzonen

VINSCHGAU

Erst seit 1995 werden auch im Vinschgau DOC-Weine angebaut. Das kleinste Weinanbaugebiet in Südtirol mit einer Anbaufläche von derzeit rund 65 ha ist die westlichste Weinbauzone des Landes und umfasst die Gemeinden Partschins, Naturns, Kastelbell-Tschars, Latsch und Schlanders. Gemeinsam halten sie einen Anteil von etwas mehr als 1% an den Rebflächen Südtirols. Im Vinschgau dominiert noch immer der Obstanbau (und darunter vor allem der Apfelanbau). Da mit Äpfeln früher höhere Preise erzielt werden konnten und die Arbeitsbedingungen leichter sind, mussten viele Rebflächen den Obstbäumen weichen. Bis in die 1970er-Jahre wurde Wein vor allem zur Selbstversorgung produziert. Hinzu kommt, dass die Niederschlagsmengen im Vinschgau mit rund 500 Millimetern im Jahr weit geringer als etwa im Überetsch sind. Im Sommer regnet es oft wochenlang nicht. Die Weingärten müssen künstlich bewässert werden – viele Neuanlagen sind deshalb mit einer Tropfbewässerung ausgestattet. Doch einige rührige Bauern stellten fest, dass die Vinschger Böden etwa für Blauburgunder, der in Kleinlagen bis zu einer Höhe von 800 m ausgepflanzt wird, sehr geeignet sind und bemerkenswerte Ergebnisse hervorbringen. Blauburgunder ist neben dem Vernatsch die wichtigste Rotweinsorte der Gegend. Die Erfolge spornten andere Bauern an, vermehrt auf den Wein zu setzen, da auch die Obstpreise sanken. Über 300 Winzer sind heute wieder im Vinschgau tätig, wobei etwa 12 Winzer den Wein in eigener Abfüllung selbst vermarkten. Bei den Weißweinen wird vor allem Riesling, Weißburgunder und Müller-Thurgau angebaut, daneben Kerner, Gewürztraminer und alte Sorten wie etwa der Fraueler.

MERAN UND UMGEBUNG

Meran ist nicht nur seit Sissis Zeiten ein bekannter Kurort, sondern gemeinsam mit dem umliegenden Burggrafenamt und Dörfern wie Tirol, Lana, Algund, Marling und Tscherms auch eine wichtige Weinbauzone, die ca. 370 ha Weinbaufläche umfasst und ca. 7 % der Südtiroler Gesamtweinbaufläche einnimmt. Das Kerngebiet des historischen Tirols war bereits im Mittelalter ein einheitlicher Verwaltungsbezirk und unterstand direkt dem Burggrafen zu Tirol. Von der langen Weintradition zeugt die mit rund 350 Jahren älteste und größte Rebe Europas bei Schloss Katzenzungen in Prissian, die noch immer Trauben trägt. Die Temperaturen sind das ganze Jahr über mild und ausgeglichen. Es gibt regelmäßige Niederschläge, sodass sich neben den Urlaubsgästen auch die Trauben wohl fühlen. Sie wachsen auf leichten bis mittelschweren Sandböden, die Nässe schnell abfließen lassen. Für eine gute Belüftung der Stöcke sorgt ein leichter, trockener Wind von den umliegenden Gebirgszügen. Als eines der ersten Weinbaugebiete Südtirols erhielt es 1971 den Ursprungsschutz DOC „Südtiroler Meraner", womit alle Vernatsch-Weine, die im Umkreis von Meran wachsen, gekennzeichnet werden. Noch für eine andere Traube ist Meran bekannt, nämlich die Meraner Kurtraube oder Großvernatschtraube. Sie ist groß, süß und knackig und wichtiger Bestandteil der Meraner Traubenkur – als Peeling, aber auch als Tafeltraube genossen, wird sie hilfreich gegen manche Erkrankung der inneren Organe angewendet. Bei den roten Sorten dominieren neben dem Vernatsch der Blauburgunder, Merlot, Lagrein und Cabernet; bei den weißen wiederum Weißburgunder, Sauvignon, Chardonnay und Gewürztraminer.

MITTLERES ETSCHTAL

Wer von Meran durch das Etschtal nach Bozen fährt, wird bei den Böden einen speziellen roten Farbton bemerken. Hier dominiert nämlich an den Hängen der rote Porphyr oder Porphyrsandstein. Der Boden ist recht trocken, da die Niederschläge schnell versickern, und zudem humusarm. Der Weinstock muss deshalb tief wurzeln, um zur nötigen Feuchtigkeit zu kommen. Nicht unbedingt optimale Voraussetzungen, dennoch ist diese Gegend bekannt für ihre komplexen Weißweine. Alle Weine, die als DOC-Ursprungsbezeichnung „Terlaner" im Namen führen, sind Weißweine. Vor allem Weißburgunder und Sauvignon werden hier angepflanzt. Letzterer ist besonders im Frühjahr ein gesuchter Begleiter für den Spargel, der in der Gegend im größeren Stil angebaut und unter dem Namen „Margarete" vermarktet wird. Außerdem werden Chardonnay, Müller-Thurgau und andere Weißweinsorten angebaut. Ein Sonderfall ist die weiße Cuvée „Terlaner". Sie besteht mindestens zur Hälfte aus Weißburgunder oder Chardonnay. Es sind Weine, die mitunter eine lange Lebensdauer aufweisen und dabei ihre Fruchtigkeit und Lebendigkeit bewahren. Doch auch für die bemerkenswerten Qualitäten seiner Rotweine ist das mittlere Etschtal bekannt. Die sandigen und kräftigen Lehmböden in tieferen Lagen sind für Cabernet oder Merlot gut geeignet. Daneben sind der Lagrein und der Vernatsch eine fixe Größe im Sortenspiegel. Die wichtigen Weinbaugemeinden sind Terlan, Andrian und Nals. Insgesamt werden 260 ha Rebfläche bearbeitet, dies sind ca. 5 % der Gesamtanbaufläche.

BOZEN UND UMGEBUNG

Wo sich Etsch und Eisack treffen, inmitten eines großen Kessels, liegt die Landeshauptstadt Bozen, die eine lange Tradition als Weinstadt aufzuweisen hat. An den Stadtgrenzen und teilweise noch im Stadtgebiet finden sich große Wein- und Obstgärten – Bozen ist nach Eppan und Kaltern die drittgrößte Weinbaugemeinde Südtirols. Besonders für zwei Weine sind die Lagen ideal, zum einen für den St. Magdalener und zum anderen für den Lagrein. Oberhalb des Talkessels – am Fuß des Rittens – wird seit Jahrhunderten der Vernatsch im gemischten Satz mit Lagrein und manchmal auch Blauburgunder (maximal 15 % gesetzlich erlaubt) zum St. Magdalener ausgebaut. Er gilt als der kräftigste Vernatschwein Südtirols. Über 330 ha umfasst derzeit seine Anbaufläche von insgesamt fast 700 ha in dieser Weinbauzone. Ein eigener DOC-Vernatsch ist der Bozner Leiten, der auf etwa 20 ha in und um Bozen angebaut wird. Das Hauptanbaugebiet des Lagreins liegt in Gries am westlichen Stadtrand. Auf den sandigen, kieshaltigen und sehr warmen Böden findet er optimale Bedingungen vor. Er gilt als der vielschichtigste und körperreichste Lagrein des Landes. Schon im Mittelalter sprach man vom „Lagreiner" als dem besten aller „Poczner" (Bozner) Weine. Lagrein ist nicht gerade ein leichter Wein und wurde deshalb lange nur als „Kretzer" (als Rosé) ausgebaut, doch dann erkannte man die speziellen Qualitäten dieser autochthonen Rebsorte wieder; heute ist sie ein Aushängeschild für den neuen Südtiroler Rotwein.

ÜBERETSCH

Im Überetsch liegen mit Eppan und Kaltern nicht nur zwei traditionsreiche, sondern auch die beiden größten Weinbaugemeinden Südtirols. Insgesamt umfasst dieses Weinbaugebiet ca. 1.700 ha (32 % der Gesamtanbaufläche), wobei die Weißweine 55 % ausmachen. Jedes Jahr zieht diese Gegend mit dem Kalterer See und den beiden Montiggler Seen sowie den unzähligen Burgen und historischen Ansitzen viele Urlaubsgäste an. Die Landschaft lockt überdies mit 2.000 Sonnenstunden im Jahr und der ältesten Weinstraße Italiens, der „Südtiroler Weinstraße“. Die größten und wichtigsten Genossenschaften des Landes sind im Überetsch zu Hause und sorgen beständig für neue Impulse. In der Großgemeinde Eppan werden rund 20 % des Südtiroler Weins produziert. Dort findet sich nicht nur die größte zusammenhängende Rebfläche des Landes, sondern in den einzelnen Fraktionen St. Michael, St. Pauls, Girlan und Frangart auch ganz unterschiedliche und vielfältige Lagen, die es ermöglichen, einen breiten Sortenspiegel anzupflanzen. Die bekannteste Weinbaugemeinde des Landes aber ist Kaltern. Hier ist der wohl populärste Vernatschwein, der Kalterersee, beheimatet. Neben Vernatsch sind Merlot und Cabernet in den warmen Lagen um den Kalterer See zu finden. Die höheren Anbauzonen eignen sich gut für Weißburgunder, Chardonnay, Pinot Grigio (Ruländer), Sauvignon, Riesling und auch Blauburgunder. Aromatische Weine sind der Gewürztraminer, der Goldmuskateller und der Rosenmuskateller (der zu einem feinen und seltenen Süßwein verarbeitet wird).

UNTERLAND

Das größte Weinbaugebiet Südtirols ist das Unterland mit über 1.870 ha Rebfläche (ca. 35 % der Gesamtanbaufläche). Es reicht von Tramin bis zur Salurner Klause. Die wichtigsten Gemeinden für den Weinbau sind Salurn, Tramin und Kurtatsch, gefolgt von Margreid, Neumarkt und Montan. Viele der renommiertesten Privatkellereien des Landes mit bemerkenswerten Weinen haben ihren Stammsitz im Unterland und machen die Region deshalb zu einem interessanten Ziel für Weinfreunde. Im Unterland finden sich auf 200 m Höhe die tiefstgelegenen Weinlagen Südtirols und auf dem Fennberg hoch über Margreid – mit 1.000 m Höhe – auch eine der höchsten. Kalk und Dolomitgestein dominieren von Tramin bis Kurtatsch. Es sind sehr warme Böden, die allerdings auch stark wasserdurchlässig sind. Weiter südlich wird der Regen durch den sandhaltigen Mergel besser gehalten. Daneben gibt es aber wieder ganz unterschiedliche Böden und spezielle Kleinklimazonen, sodass im Unterland das komplette Sortenspektrum Südtirols zu finden ist. Das Schwergewicht bilden zum einen Pinot Grigio (Ruländer), Weißburgunder und Chardonnay, zum anderen Vernatsch, Blauburgunder, Merlot und Cabernet. Auch der Gewürztraminer nimmt im Unterland eine Spitzenstellung ein. Er findet hier optimale Anbaubedingungen vor und reift zu geschmeidigen, eleganten und körperreichen Weinen. Von den autochthonen Sorten werden Vernatsch und Lagrein angepflanzt, von Letzterem gibt es im Unterland die größten Anbauflächen außerhalb Bozens.

EISACKTAL

Im Eisacktal herrschen Urgesteinsböden aus Quarz und Glimmer vor, die schnell verwittern und deshalb die Bodenfeuchtigkeit gut speichern können. Ein großer Vorteil, da hier geringe Niederschlagsmengen zu verzeichnen sind (um 600 mm). Die Böden sind nicht sehr nährstoffreich, doch geben sie den Trauben ein unverwechselbares Gepräge. Dazu gesellen sich kühle Nächte und heiße Tage, die gemeinsam mit einer guten Durchlüftung für Kernigkeit und Eleganz der Weine sorgen. Knapp 350 ha sind bepflanzt, vorwiegend um Vahrn, Klausen, Villanders und Völs am Schlern. Die Reben sind meist in extremen Steillagen an der Sonnenseite des Tals angebaut. Es werden fast ausschließlich Weißweine gekeltert, die mit ihrer würzigen mineralischen Frische zu den besten und gefragtesten Italiens zählen. Das war nicht immer so, denn im südlichen Eisacktal wurden um 1950 noch zu 80% Rotweine angebaut, vor allem Blauer Portugieser, Vernatsch und bei Villanders die Furner Hottler (lokal Hottlinger). Vernatsch, Portugieser und zunehmend Zweigelt kommen auch heute noch zum Einsatz, allerdings für das im Herbst stattfindende Törggelen, das im Eisacktal seinen Ursprung hat. Dabei werden auf vielen Höfen der neue Wein (Jungwein) ausgeschenkt und frisch geröstete Kastanien sowie Schlutzkrapfen, „Schweinernes“ mit Kraut und süße Krapfen aufgetischt. Unter den DOC-Weinen nehmen der Müller-Thurgau und der Sylvaner mit großem Abstand die Spitzenposition ein. Es folgen Riesling, Gewürztraminer, Kerner, Pinot Grigio (Ruländer), Grüner Veltliner und der einzige rote Eisacktaler DOC-Wein, der Klausner Laitacher.

Ankommen & Genießen.
Urlaub in den Vinum Hotels Südtirol

1 Befehlhof

Hinter dem Wirtschaftsgebäude des Befehlhofs am großen Tisch zu sitzen, sich die Sonne ins Gesicht scheinen zu lassen und den Wein zu verkosten, während Oswald Schuster über die Weingeschichte im Vinschgau spricht, ist eine schöne Kombination aus Genuss und Wissensaneignung. Schuster, ein Pionier der Vinschger Weinszene, bewirtschaftet im traditionellen Obstanbaugebiet das westlichste Weingut Südtirols.

Der Hof liegt auf 710 m und die Rebstöcke reichen noch weiter hinauf. Diese Höhenlage war bis in die 1970er-Jahre für viele Bauern im Vinschgau mit ein Grund, auf Obstbau umzusteigen. Als Oswald Schuster (nach einer Ausbildung in der Fachschule Laimburg) mit dem Weinanbau anfing, gab es nur noch vier Winzer in der Umgebung.
Begonnen hat Schuster mit der alten Vinschger Sorte Fraueler, später brachte er mit dem Zweigelt einen neuen Rotwein in die Region. Die Weingärten liegen rund um den Hof; Spezialität des Hauses und Rarität für die Gegend ist der Sekt „Sällent“, eine Weißweincuvée aus Weißburgunder und Riesling.
Tochter Magdalena sammelte nach einer önologischen Ausbildung Erfahrung im Ausland und arbeitet seit 2008 im Weingut mit. Sie ist verantwortlich für Keller und Weingut. Neben den Weinen werden am Befehlhof auch Destillate aus Äpfeln, Birnen und Marillen sowie Grappa gebrannt.

DAS ANGEBOT AUF EINEN BLICK | „Jera" (Fraueler), Riesling, Schaumwein „Sällent", Blauburgunder, Zweigelt; außerdem diverse Obstschnäpse und Grappa.

DIE WEINEMPFEHLUNG | Jera: Ein Weißwein aus der sehr alten, lokalen Traubensorte Fraueler. Nach getrockneten Kräutern und Blumen duftend, mit lebendiger Säure – ein sehr filigraner, subtiler, besonderer Wein. Einzigartig in Südtirol.

WIE KOMMT MAN HIN? | Von der Hauptstraße zwischen Goldrain und Schlanders nach Vetzan abbiegen, unmittelbar hinter der Dorfkirche geht es links zum Befehlhof.

ESSEN & TRINKEN

Vinschgerhof: Das Wander- und Bikehotel in Vetzan organisiert für seine Gäste Wanderungen und täglich Radtouren; Weinverkostungen im rustikalen Weinkeller. Im Restaurant verfeinerte regionale Küche, gute Weinkarte, auch mit den Weinen vom Befehlhof. Geschlossen von Mitte Jan. bis Anfang März, Mo. Ruhetag. Alte-Vinschger-Str. 1, Tel. 0473 742113, www.vinschgerhof.com.

Jausenstation Ille Ulrich: Marende und kleine warme Gerichte, Törggelen im Herbst, nur Eigenbauweine. Geöffnet von Sept. bis Jun. ab 17. Uhr. So.–Mo. Ruhetag. Moaracker 1, Vetzan, Tel. 0473 742542.

INFOS IN KÜRZE

Weingut Befehlhof
Oswald Schuster
Torgglweg 2 / Vetzan
39028 Schlanders
Tel. 0473 742197
www.befehlhof.it

Wochentags 9–12 und 14–18 Uhr. Weinverkostung mit Führung durch Weinberg und Keller nach telefonischer Vereinbarung. Dauer etwa 2 Stunden.

Gruppen bis maximal 20 Personen.

2 Marinushof

Der neue, elegante Bau des 2004 gegründeten Weingutes sticht mit seiner zukunftsgerichteten Architektur inmitten von Obstwiesen im sonst so traditionellen Gefüge des Vinschgauer Weinbaus markant hervor.

Vom Weinliebhaber zum Weinbauern: Heiner Pohl, Spross des traditionsreichen Köfelguts, konnte sich dem Wein letztendlich doch nicht entziehen, auch wenn er zunächst in anderen Branchen erfolgreich tätig war. Von den 0,6 ha Weinbergen aus der väterlichen Erbschaft ist das Gut, das auch Obstbau umfasst, auf mittlerweile 1,8 ha auf Schieferverwitterungsböden rund um Kastelbell angewachsen. Der Neo-Winzer ist ein Perfektionist und überlässt nichts dem Zufall. Durch sein zweites Standbein als Weinhändler weiß er viel um das Wesen des Weins, er kennt Länder, Sorten und Stile. Doch der Vinschgau setzt Grenzen, und große Einflussnahme im Keller ist Pohls Sache nicht. Deshalb besticht das kleine Sortiment durch Filigranität und präzise Geradlinigkeit.

Riesling wurde auf einer hochgelegenen Steillage neu ausgepflanzt, auch die Rebsorte Zweigelt hat es Heiner Pohl besonders angetan: „Der perfekte Rotwein für eine Weißweingegend", stellt er fest. Zweigelt schätzt er auch als guten Partner für den Blauburgunder, das ist im attraktiven Rosé zu schmecken. Stolz ist er außerdem auf den alten Pinot-Noir-Garten von 1977, hier entsteht ein Wein mit reichlich Terroircharakter. Wenn einmal alle Weinberge ertragreich sind, wird der Rotweinanteil bei 70% liegen. Ab 2015 werden die bislang sechs Weine im neuen Keller vinifiziert. Bei Laubarbeit und Rebenschneiden legt Heiner Pohl selbst Hand mit an.

DAS ANGEBOT AUF EINEN BLICK | Pinot Grigio, Riesling, der gemischte Satz „Weinsinn" aus alten Reben, Rosé, Zweigelt und Blauburgunder. Edelbrände aus Abfindungsbrennerei.

DIE WEINEMPFEHLUNG | Der Rosé aus Blauburgunder und etwas Zweigelt ist für den Roséliebhaber Pohl ein Herzenswein. Inspiration ist Südfrankreich, und so besticht dieser Wein nicht nur mit toller Beerenfrucht, sondern auch kräftiger Eleganz und markanter Struktur. Untypisch für die Region, ein perfekter Begleiter auch zu Gulasch!

WIE KOMMT MAN HIN? | In Kastelbell Richtung Bahnhof abbiegen, die Etsch überqueren und nach etwa 150 m bergan rechts in die Alte Straße abbiegen. Der Marinushof liegt auf der linken Seite.

ESSEN & TRINKEN

Restaurant Kuppelrain: Jörg Trafoier ist einer der kreativsten Küchenchefs Südtirols, nicht umsonst wurde er mit einem Michelinstern ausgezeichnet. Virtuose Kombinationen aus saisonalen (Bio-)Produkten, großartige Weinkarte. So. und Mo. Ruhetag, Bistrot tagsüber geöffnet. Bahnhofstr. 16, Tel. 0473 624103, www.kuppelrain.com.

Der **Hofschank Angerguterkeller** liegt in unmittelbarer Nähe des Marinushofes. Hier wird man von Familie Mitterer mit bodenständiger Hausmannskost verwöhnt. So. Ruhetag. Alte Straße 1, Tel. 0473 624092, www.hofschank-radweg-vinschgau.com.

INFOS IN KÜRZE

Marinushof
Heiner Pohl
Alte Straße 9/B
39020 Kastelbell
Tel. 0473 624717
www.marinushof.it

Mo.–Fr. von 9–12 und 14–18 Uhr und Sa. von 9–12 Uhr geöffnet. Vorherige Anmeldung ist empfohlen. Tel. 335 420136

Gruppenverkostung bis max. 10 Personen nur gegen Voranmeldung.

3 Himmelreichhof

Hoch über dem Tal inmitten von Obstbäumen und Weinreben gelegen, zeigt sich der Himmelreichhof in Tschars von seiner sonnigsten Seite. Im Hofausschank kann man sich durch das kleine, aber qualitativ bemerkenswerte Sortiment kosten.

Es ist ein junges Weingut mit Geschichte: Der Himmelreichhof wurde im Jahr 1590 erstmals urkundlich erwähnt, Obst- und Weinbau gehören zur Tradition des Hofes, allerdings wurde der Wein nur für den Eigengebrauch gekeltert. Seit dem Jahr 2000 wird auch Qualitätswein produziert und das gleich mit großem Erfolg: Bei den Rieslingtagen Naturns 2014 schnitt der Riesling vom Himmelreichhof als bester Südtiroler ab. Dabei waren die Reben für diesen Wein erst 2011 gesetzt worden! Markus Fliri ist unbeirrbar, wenn es um Qualität geht. Und die fängt bei ihm im Weingarten an – 3 ha sind es mittlerweile, die bewirtschaftet werden. Dank der Lage auf der kargen Vinschger Sonnenseite gibt es kein Fäulnisproblem, mit Ertragsreduzierung steigt auch die Qualität der Trauben.
Der Wein wurde nach und nach zum großen Thema für Markus Fliri. Mit der Übernahme der elterlichen Landwirtschaft vor zwanzig Jahren hat er das Hofgut zunächst langsam ausgebaut; mittlerweile ist auch der Erfolg als Weinbauer sichtbar. Dem akribischen Qualitätsfanatiker reicht ein „ganz gut" nicht, „Mittelmäßigkeit ist nicht gefragt!". Deshalb wird im Keller ohne große Eingriffe in die Natur gearbeitet: So wie der Wein vom Weinberg kommt, ist er auch in der Flasche. Dritte Hauptsorte neben Riesling und Blauburgunder und wichtigster Wein im Buschenschank ist der Zweigelt, der vor allem von der jungen Generation lieber getrunken wird als der angestammte Vernatsch aus alten Pergeln. Bei den Weißweinen gibt es neben dem Riesling und dem Weißburgunder auch die aromatisch-mineralische Cuvée „Malea" aus Weißburgunder, Gewürztraminer und Müller-Thurgau. Der Hofverkauf ist für Markus Fliri die beste Möglichkeit, den Kunden seine Philosophie und seine Weine näher zu bringen.

DAS ANGEBOT AUF EINEN BLICK | Weißburgunder, Cuvée „Malea“, Riesling, Rosé, Vernatsch, Zweigelt, Blauburgunder.

DIE WEINEMPFEHLUNG | Der Blauburgunder ist immer ein Renner am Himmelreichhof – und tatsächlich wohl einer der Besten des Landes. Hell und klar im Glas, mit eleganter zarter Würze, feiner Salzigkeit und dezenter Beerenfrucht. Ein Musterbeispiel für die Rebsorte!

WIE KOMMT MAN HIN? | Bei der Kirche von Tschars der Klostergasse bergwärts folgen und sich links halten, bis man linkerhand den Himmelreichhof erreicht.

ESSEN & TRINKEN

Im **Hofschank** des Weingutes ist man auch kulinarisch bestens aufgehoben, die reich bestückte Himmelhofplatte ist weithin bekannt. Vorzügliche Käsespezialitäten und hausgemachte Schlutzer mit Speckkrautsalat und Nockentris. Vom 7. Jan. bis 31. Juni und vom 1. Aug. bis zum 3. Adventsonntag von Do.–So. ab 14 Uhr geöffnet.

INFOS IN KÜRZE

Himmelreichhof
Markus Fliri
Klostergasse 15A
39020 Kastelbell-Tschars
Tel. 0473 624417 bzw. 335 6087807
www.himmelreich-hof.info

Weinverkauf und Verkostungen ganzjährig auf Anfrage. Für Gruppen besteht Verkostungsmöglichkeit bis zu 25 Personen, bitte vorher anfragen!

4 ⋮ Weingut Unterortl

Martin Aurich hat sich einen Traum erfüllt. Der Getränketechnologe aus Berlin pachtete gemeinsam mit seiner Frau Gisela den Hof Unterortl am Juvaler Burghügel und schuf daraus eines der wichtigen Weingüter des Vinschgaus. Dafür war viel Arbeit nötig, denn im uralten Siedlungsgebiet mussten erst der Buchenwald gerodet und Flächen und Wege in Stand gesetzt werden.

Rund um den Hof sind die Reben in steilen Lagen angepflanzt und nach Süd/Südost ausgerichtet – mit einem Höhenunterschied von fast 250 m. Die Urgesteinsböden und die besondere sonnige Lage sorgen für ein einmaliges Mikroklima. Die Rieslinge von Martin Aurich zählen zu den Besten südlich der Alpen. Aus der höchsten Rieslinglage Windbichel wird ein Laqenwein anqeboten, ein eleganter und gleichzeitig opulenter Wein. In geeigneten Jahren wird aus den Rieslingtrauben auch eine Beerenauslese mit dem Namen „Spielerei" gekeltert. Seine weiße Cuvée nennt der Winzer „Glimmer" und keltert sie aus der alten Sorte Fraueler und dem Müller-Thurgau.

INFOS IN KÜRZE

Weingut Unterortl
Martin und Gisela Aurich
Juval 1/B
39025 Naturns
Tel. 0473 667580
www.unterortl.it

Gutsverkauf Mo.–Sa.
9–12 und 14–18 Uhr.
Für Gruppen bis zu 20 Personen werden nach Vereinbarung Hofführungen angeboten.

Die rote Cuvée „Gneis“ besteht aus Blauburgunder, Zweigelt, St. Laurent, Gamaret und Garanoir. Der Blauburgunder – reinsortig ausgebaut – zählt zu den zentralen Weinen des Guts und wartet mit enormer Frucht und Tiefe auf.

DAS ANGEBOT AUF EINEN BLICK | Weiße Cuvée „Glimmer“, Weißburgunder, Riesling, Riesling „Windbichel“, rote Cuvée „Gneis“, Blauburgunder; außerdem eine große Auswahl an besonderen Fruchtbränden und sortenreinen Grappas.

DIE WEINEMPFEHLUNG | Müller-Thurgau: ein frischer Weißwein mit dezenter Zitrus- und Muskatnote. Mineralisch mit leicht würzigem, langem Abgang. Angebaut auf 750–850 m Höhe. Ein echter Bergwein!

WIE KOMMT MAN HIN? | Die Juvaler Bergstraße ist für den PKW-Verkehr gesperrt. Für den Besuch des Weingutes ist die Zufahrt aber möglich. Oder mit dem Shuttle-Bus, der zu den Öffnungszeiten des Schlosses Juval (mittwochs und im Juli und Aug. geschlossen) regelmäßig zwischen 9.30 und 16.30 Uhr vom Parkplatz Juval startet. Weitere Informationen unter www.unterortl.it.

ESSEN & TRINKEN

Schlosswirt Juval: Uriges Gasthaus mit Ferienwohnungen unterhalb von Schloss Juval mit ambitionierter Südtiroler Küche, begleitet von ausgesuchten Weinen. Alle Weine des Weinguts Unterortl können hier verkostet werden. Mi. Ruhetag. Juval 1b, Tel. 0473 668056 oder 339 1912247, www.schlosswirt.it.

SEHENS- UND WISSENSWERTES

Das Weingut Unterortl und der Schlosswirt sind Teil des Gesamtkonzepts Juval von Reinhold Messner.
Schloss Juval (um 1278 erbaut) ist seit 1983 im Besitz von Messner und seine „Sommerresidenz“. Hier hat er u.a. eine umfangreiche Tibetika-Sammlung, eine Bergbildgalerie sowie eine Maskensammlung untergebracht. Besichtigung mit Führung von Palmsonntag bis Juni und von Sept. bis Anfang Nov., Mi. Ruhetag. Infos: Tel. 348 4433871. Gleich neben dem Parkplatz an der Vinschger Straße liegt der Vinschger Bauernladen, das „Schaufenster der Vinschger Landwirtschaft“. Tel. 0473 667722, www.bauernladen.it.

5 Weingut Falkenstein

Das Weingut Falkenstein in Naturns zählt zu den wichtigsten Betrieben im Vinschgau. Bernadette und Franz Pratzner sind mit ihren Weinen zwar noch nicht sehr lange am Markt, konnten sich aber in kurzer Zeit hohes Renommee erwerben.

Der Vater des Winzers baute Wein für den hauseigenen Buschenschank an, doch für Bernadette und Franz Pratzner hat der Wein seit jeher einen hohen Stellenwert. Sie begannen mit dem Anbau 1990 – fünf Jahre später konnten sie ihren ersten Wein präsentieren. Der Buschenschank ist heute ein Gasthof und wird von Peter Pratzner, dem Bruder von Franz, geführt. Pratzners Weingärten umfassen 12 ha (davon sind 5 ha in Pacht). Die Weine kommen an, er gilt als ein Blauburgunder-Tüftler, und die Rieslinge des Weinguts Falkenstein zählen zu den besten Weißweinen Italiens. Pratzner liebt kräftige Weine. Sie reifen alle im Holz, die Weißen 10 Monate in Akazie, die Roten ca. 1,5 Jahre im Eichenfass. Wenn es der Jahrgang zulässt, dann wird ein edelsüßer Gewürztraminer gekeltert.

DAS ANGEBOT AUF EINEN BLICK | Riesling, Weißburgunder, Sauvignon, Gewürztraminer Spätlese, Blauburgunder.

DIE WEINEMPFEHLUNG | Vinschger Weißburgunder: sehr sortentypisch, mit dezenten Fruchtnoten wie Apfel und Birne, sehr füllig mit angenehmer Säurestruktur. Der Wein wird 10 Monate in großen Akazienfässern ausgebaut.

WIE KOMMT MAN HIN? | Im Dorfzentrum von Naturns gegenüber dem Gasthaus Schwarzer Adler Richtung Sonnenberg in den Schlossweg abbiegen. Nach ca. 1 km trifft man auf das Weingut Falkenstein.

ESSEN & TRINKEN

Gasthof Falkenstein: Das vom Bruder geführte Haus gleich neben dem Weingut bietet in gediegenen Stuben regionale Küche und Pratzners Weine. Komfortable Zimmer. Mo. Ruhetag. Schlossweg 15, Tel. 0473 667321, www.gasthof-falkenstein.com.

Hofschank Patleid: Am Sonnenberg gelegen, vorwiegend hauseigene Produkte. Der Lammbraten wird immer am Sonntag serviert, allerdings nur auf Bestellung. Am Abend nur auf Reservierung, Mo. Ruhetag. Sonnenberg 47, Tel. 0473 667767, www.patleidhof.it.

INFOS IN KÜRZE

Weingut Falkenstein
Franz und Bernadette Pratzner
Schlossweg 19
39025 Naturns
Tel. 0473 666054 oder 335 5937139

Es gibt keine fixen Zeiten für Weinverkauf und Verkostungen; am besten vorher anrufen. Führungen: Apr.–Nov. jeden zweiten Do. (alternierend mit Weingut Unterortl/Juval) um 15.30 Uhr, Anmeldung beim Tourismusverein Naturns, Tel. 0473 666077. Außerordentliche Führungen nach Anmeldung beim Weingut. Führungen für Gruppen bis zu 15 Personen.

6 Schlossweingut Stachlburg

Ein Besuch der Stachlburg in Partschins ist fast so etwas wie eine kleine Zeitreise. Das Anwesen präsentiert sich als typische Tiroler Dorfburg aus dem 13. Jh., ist jedoch alles andere als ein Museum. Hier lebt Baron Kripp mit seiner Familie und führt das Schlossweingut nach strengen biologischen Richtlinien. Leidenschaftlich erzählt er von seinen Erfahrungen.

Seit 1990 leitet Baron Kripp die Stachlburg. Die Ausbildung hat er in Deutschland bei seinem Onkel Graf Wolf-Metternich absolviert. Mit Chardonnay und Blauburgunder begann er seine Weinabenteuer. Acht Jahre später stellte er den Betrieb auf biologische Anbauweise um. Der Deutsche Dominic Würth, seit 2010 Kellermeister, bringt merklich frischen Schwung in den Keller. Von den gesamten 7 ha Weinbaufläche befinden sich 2,5 ha in Andrian, welche im Besitz des Bruders des Barons sind (Burg Wolfsthurn). In Partschins und Naturns liegt der Rest der Rebflächen auf ca. 650 m Höhe. Die Gesamtproduktion beläuft sich auf 30.000 Flaschen pro Jahr, wovon ca. 40% ab Hof verkauft werden. Chardonnay und Blauburgunder werden als klassische Variante im Stahltank ausgebaut und als Riserva im Barrique. Eine Besonderheit im Sortiment stellt der Schaumwein „Eustachius" aus Chardonnay und Weißburgunder dar.

Dieser liegt 3–4 Jahre auf der Hefe und wird nach klassischer Methode (Flaschengärung) hergestellt und als Brut abgefüllt.

DAS ANGEBOT AUF EINEN BLICK | Weißburgunder, Chardonnay, Chardonnay Riserva, Sauvignon, Pinot Grigio, Gewürztraminer, Vernatsch, Regent, Blauburgunder, Merlot-Sekt „Eustachius".

DIE WEINEMPFEHLUNG | Vinschgauer Blauburgunder: zartfruchtig, saftig, mit kräftiger Säure. Fein eingebundenes Holz (30% neues Barrique). Elegant und langanhaltend mit deutlich „burgundischen" Noten. Jährliche Produktion ca. 6.000 Flaschen.

WIE KOMMT MAN HIN? | Die Stachlburg liegt im Ortszentrum von Partschins, neben der Pfarrkirche. Für Navigationssysteme die Adresse Wasserfallweg 5 angeben. Haltestelle der Vinschger Bahn in Töll.

ESSEN & TRINKEN

Gasthof Hotel Sonne: Das erstmals 1371 urkundlich erwähnte, von Familie Ganthaler geführte Gasthaus liegt im Ortskern von Partschins. Der Betrieb gehört der Vereinigung „Südtiroler Gasthaus" an. Zeitgemäß interpretierte Gerichte aus der traditionellen Südtiroler Küche. Do. Ruhetag. P.-Mitterhofer-Platz 8, Tel. 0473 967108, www.hotel-sonne.it.

Restaurant Hanswirt: Das historische Haus an der Straße in Rabland verfügt über mehrere romantisch anmutende Stuben, in denen renommierte Kreationen serviert werden. Gut sortierte Weinkarte. Mi. Ruhetag. Geroldplatz 3, Tel. 0473 967148, www.hanswirt.com.

In beiden Restaurants sind die Weine von Baron Kripp erhältlich.

INFOS IN KÜRZE

Schlossweingut Stachlburg
Sigmund Kripp
Mitterhofer-Str. 2
39020 Partschins
Tel. 0473 968014
www.stachlburg.com

Weinverkauf, -verkostung bzw. Besichtigung auf Anfrage (10 bis 50 Personen). Kommentierte Weinverkostungen jeden Do. um 17 Uhr; Anmeldung beim Tourismusverein Partschins, Tel. 0473 967157. Geöffnet zwischen Ostern und Allerheiligen Mo.–Fr. 9–12.30 und 14.30–19 Uhr. Sa. 8–12 Uhr.

7 Plonerhof

Als wäre er immer schon da gewesen: Dem von Weingärten umrahmten stattlichen Plonerhof bei Marling sieht man seine junge Geschichte und das moderne Innenleben auf den ersten Blick nicht an. „Wein hat mich mein ganzes Leben lang begleitet", so Erhard Tutzer. Südtirols größter Jungrebenerzeuger, der in den besten Weingütern der Welt ein- und ausging, kann auch in seinem „Ruhestand" nicht vom Wein lassen.

Weinbau ist für Erhard Tutzer Hobby und Lebenszweck gleichermaßen. Vor zehn Jahren hat er den Plonerhof, ursprünglich ein Obsthof mit Apfelanbau, erworben und das gesamte Gelände von 4,5 ha in Weingärten umgewandelt. Im Rekordtempo, vom Kopfschütteln der Nachbarn begleitet. Doch wenn einer weiß, wie das richtig geht, dann Erhard Tutzer, der von den gesammelten Erfahrungen als Rebzüchter profitiert. Er hat Drainagesysteme angelegt und die Stöcke in Falllinie gepflanzt. Auch das historische Wohnhaus von 1357 wurde saniert, das Wirtschaftsgebäude erweitert. Heute präsentiert sich der Plonerhof als beeindruckendes modernes Weingut, in dessen in den Hang gebautem Keller stilvolles Ambiente auf neueste Technik trifft. Die beste Weinpresse, die besten Holzfässer – Erhard Tutzer überlässt nichts dem Zufall. Bei Kellerführungen kann man

INFOS IN KÜRZE

Weingut Plonerhof
Erhard Tutzer und Herta Schafer
Nörderstraße 29, 39020 Marling
Tel. 0473 490525, 335 8341300
www.weingut-plonerhof.it

Weinverkauf Mo.–Fr. 8–12 und ab 16 Uhr, Sa. 9–12 Uhr.
Führungen jeden Do. um 16 Uhr ab 6–8 Personen, Anmeldung über den Tourismusverein Marling

sich von der beeindruckenden Architektur des Gebäudes samt Verkostungsraum mit Fernblick überzeugen, sogar eine traditionelle Trockensteinmauer wurde aufgebaut. Auch in den Weingärten wird kein Arbeitsaufwand gescheut: kein Kunstdünger, keine Herbizide, mehrere Lesedurchgänge für jene Traubenqualität, die sich bereits in den Klassikweinen zeigt. Und der Erfolg der Weine gibt Erhard Tutzer recht. Stilistisch eher international orientiert, entstehen eindrucksvolle Interpretationen vor allem von Sauvignon Blanc und Blauburgunder. Letzterer ist Tutzers Lieblingssorte, in ihr sieht er das große Potenzial der Region für die Zukunft.

DAS ANGEBOT AUF EINEN BLICK | Sauvignon, Blauburgunder (beide auch in Exklusiv-Variante), die weiße Cuvée „Nörder", Riesling, Blauburgunder Rosé „Corall", Dessertweine aus Gold- und Rosenmuskateller. Dazu gesellt sich der Sekt „Marell" brut.

DIE WEINEMPFEHLUNG | Der Blauburgunder ist von eleganter mineralischer Würze, saftig mit delikater Säure. Er zeigt eine vornehme, mitreißende burgundische Art.

WIE KOMMT MAN HIN? | Von Marling aus auf der Nörderstraße etwa 1,5 km Richtung Forst fahren und links abbiegen, dann der Beschilderung einige hundert Meter folgen.

ESSEN & TRINKEN

Lacknerstubn: klein, fein, stilvoll. Neben internationaler Kreativität auch Brotkleeravioli und Südtiroler Käse. So. Abend und Mo. Ruhetag. Im Sommer So. ganztägig geschlossen. Weingartner Straße 8, Tel. 0473 449964, www.lacknerstubn.it.

Kirchsteiger Völlan: nicht nur elegantes Gourmet à la carte, sondern auch genussvolle Wirtshausstube mit ausgewählten frischen Produkten der Region. Großartiger Weinkeller. Do. Ruhetag. Probst-Wieser-Weg 5, Tel. 0473 568044, www.kirchsteiger.com.

8 Pardellerhof Montin

Marling und Montin – der Zusammenhang muss erst erklärt werden: Erwin Eccli hat die Liebe nach Marling geführt. Ursprünglich als Techniker im Versuchszentrum Laimburg tätig, kümmert er sich heute in Marling um die Weinberge des idyllisch gelegenen Pardellerhofs seiner Frau, eines historischen Bauerngehöfts aus dem 13. Jh., wie um jene in seiner Heimat Salurn.

Begonnen hat alles 2012 mit zwei Weinen, inzwischen sind es stolze fünf an der Zahl. Einen eigenen Weinkeller gibt es noch nicht, aber im Keller des benachbarten Popphofs ist genug Platz für die eigenen Tanks und Fässer. Der Neo-Winzer hat sehr genaue Vorstellungen von seinen Weinen und wagt auch Herausforderndes wie den Chardonnay aus dem Barriquefass – und der ist immer rasch ausverkauft! Zwei Weinbaugebiete sorgen ohnehin für eine spannende Linie, mit Pinot Grigio, Lagrein und Chardonnay aus dem Raum Salurn, aber Goldmuskateller rund um den Ansitz in Marling. Und natürlich darf in dieser Region auch ein Vernatsch nicht fehlen!

DAS ANGEBOT AUF EINEN BLICK | Pinot Grigio, Chardonnay Mitterberg, Meraner Hügel, Lagrein, Goldmuskateller Passito.

DIE WEINEMPFEHLUNG | Rote Beeren und unbändige Würze, das ist der Meraner Hügel 2013. Alte Reben von 1943 sorgen für den Tiefgang in diesem Wein voll kühler Frucht und salziger Länge. Ein perfekter Vernatsch!

WIE KOMMT MAN HIN? | Im Zentrum von Marling die Franz-Innerhofer-Straße 350 m entlang fahren, bergseitig in Richtung Mitterterzerstraße abbiegen; der Hof befindet sich weitere 350 m links.

ESSEN & TRINKEN

Gasthaus-Café Gerta: In derselben Straße wie der Pardellerhof gelegen, ein luftiger Platz für Südtiroler Spezialitäten, Wild- und Spargelgerichte. Unkompliziert, erfrischend, wie die Schwarzbrot-Krensuppe. Terrasse. So Ruhetag, Mitterterzerstraße 2, Tel. 0473 447280, www.gasthaus-gerta.com.

INFOS IN KÜRZE

Pardellerhof Montin
Erwin Eccli
Mitterterzerstraße 15
39020 Marling
Tel. 0473 492575 bzw. 339 1771577
www.pardellerhof-montin.it

Zum Weinverkauf ist meist jemand zu Hause, da es auch Ferienwohnungen am Hof gibt. Es empfiehlt sich jedoch, vorher anzurufen. Kellerführungen auch über Tourismusverein Marling, Tel. 0473 447147. Gruppengröße für Verkostungen 10–15 Personen. Unbedingt anmelden!

9 Popphof

Am Popphof versteht man sich auf Tradition, schließlich bewohnt ihn die Familie Menz seit 1720. Der Hof selbst ist noch älter: Die Jahreszahl 1556 steht im Wappen über der Eingangstür und die Weingeschichte nimmt im Jahre 1592 ihren Ursprung. Das zeugt von Kontinuität – und bei dem Prachtblick von der Terrasse übers Etschtal ist leicht zu verstehen, warum man gerne hier lebt und arbeitet.

Andreas Menz trägt den blauen Schurz mit Stolz, das Zeichen der Winzer, die noch mit den Händen arbeiten. Früher habe er geglaubt, den Weinbau neu erfinden zu müssen, dann sei er wieder zu den Wurzeln zurückgekehrt, gesteht er ein. In diesem Sinne verzichtet er in den Weingärten auf Herbizide und forciert Gründüngung. 1902 kam am Hof das erste farbige Weinetikett Südtirols zum Einsatz. Einige Bouteillen aus der Zeit gibt es noch, denn der Großvater hat ein kleines Depot einmauern lassen. Abgesehen von etwas Sauvignon, Weißburgunder und Gelbem Muskateller baut Menz heute vorwiegend Rotwein an. Die Weine reifen im großen Kellerareal unter dem Hauptgebäude.
Am Hof lässt es sich übrigens auch übernachten, der Popphof bietet gemütliche Zimmer mit Frühstück an.

DAS ANGEBOT AUF EINEN BLICK | Weißburgunder, Sauvignon, Goldmuskateller, Rosé „Sommernachtstraum“ (aus Lagrein und Merlot), Vernatsch, Merlot und Lagrein.

DIE WEINEMPFEHLUNG | Vernatsch: kirschfruchtiger, „trinkiger“, kraftvoller geschmeidiger Wein. Sehr saftig! Äußerst gutes Preis-Leistungs-Verhältnis.

WIE KOMMT MAN HIN? | Der Popphof liegt im Dorfzentrum von Marling, 300 m von der Pfarrkirche entfernt.

ESSEN & TRINKEN

Gasthof Waldschenke: Schön am Marlinger Waalweg gelegenes Hotel und Restaurant, gute verfeinerte regionale Küche, Terrasse mit Panoramablick. Fr. Ruhetag. St.-Felix-Weg 11, Tel. 0473 447015, www.waldschenke.it.

INFOS IN KÜRZE

Weingut Popphof
Elisabeth und Andreas Menz
Mitterterzerstr. 5
39020 Marling
Tel. 0473 447180
www.popphof.com

Verkauf ab Hof: Mo.–Fr. 10–11 und 16–18 Uhr, Sa. 10–11 Uhr. Wer außerhalb der Öffnungszeiten kommen will, ruft am besten vorher an.

Kellerführungen mit Verkostung ab 10 Personen nach telefonischer Vereinbarung. Für Gäste stehen zehn komfortable Zimmer zur Verfügung.

10 Kellerei Meran Burggräfler

Zwei traditionsreiche Kellereigenossenschaften wurden im Juli 2010 vereint: Die Burggräfler Kellerei (gegründet 1901) und die Weinkellerei Meran (gegründet 1952) fusionierten zur Kellerei Meran Burggräfler. Die neue, großzügig umgebaute und weithin sichtbare Kellerei befindet sich am Standort der ehemaligen Burggräfler Kellerei in Marling.

Die Genossenschaft zählt heute über 400 Mitglieder, die rund 260 ha bewirtschaften. Der Großteil der Trauben stammt aus dem Meraner Talkessel, aber auch aus dem Vinschgau aus Weinbergen in 350–750 m Meereshöhe. Das weitläufige Einzugsgebiet und der Höhenunterschied der Lagen sowie auch Klima- und Bodenvielfalt ermöglichen ein großes Sortenspektrum. Fast alle in Südtirol angebauten Traubensorten finden sich im Sortiment dieser neuen Kellerei wieder. Die Weine Kerner, Weißburgunder, Vernatsch und Blauburgunder aus dem Vinschgau werden als Sonderlinie unter dem Namen „Sonnenberg" abgefüllt. Der moderne und sehr großzügig gestaltete Keller ermöglicht es dem Kellermeister Stefan Kapfinger (ehemals in der Kellerei Meran tätig) nun spezifischer und innovativer zu arbeiten. Dies zeigt sich auch in der Qualität der Weine und wird durch stetige Prämierungen in lokalen Verkostungen und nationalen Weinführern bestätigt.
Die Weine können in der Panorama-Önothek mit einem beinahe 360°-Blick auf das Meraner Becken und das Etschtal verkostet werden.

DAS ANGEBOT AUF EINEN BLICK | Die klassische Linie „Festival" umfasst 6 Weiß- und 6 Rotweine, die Linie „Graf von Meran" u.a. den Weißburgunder „Graf von Meran" und den Vernatsch „Schickenburg", die Linie „Selection" u.a. den Blauburgunder „Zeno", den

Lagrein „Segen" und den Goldmuskateller-Gewürztraminer Passito „Sissi" und die Linie „Sonnenberg" einen Kerner, einen Weiß- und einen Blauburgunder sowie einen Vernatsch.

DIE WEINEMPFEHLUNG | Riesling „Graf von Meran": Die Trauben stammen aus Labers und ein kleiner Teil aus dem Vinschgau und werden in 2–3 Lesegängen geerntet. Ganztraubenpressung und Spontangärung. Sehr fein-fruchtig mit Noten von Mango, Melone, Pfirsich und Zitrus. Frisch, mit gut eingebundener rassiger Säure.

WIE KOMMT MAN HIN? | Die Kellerei liegt am südöstlichen Ortsende von Marling an der Landesstraße von Meran nach Tscherms.

ESSEN & TRINKEN

Culinaria im Farmerkreuz in Dorf Tirol: Essen mit guten Aussichten. Mittags Bistroküche und abends feines Gourmetrestaurant, geführt von den Brüdern Kofler. So. Abend und Mo. Ruhetag. Haslacher Str. 105, Tel. 0473 923508, www.culinaria-im-farmerkreuz.it.

Vinothek & Pizzeria Relax in Meran: große Auswahl an nationalen und internationalen Weinen mit kompetenter Beratung, Pizza, Nudelgerichte und mehr. So. Ruhetag. Cavourstr. 31, Tel. 0473 236735, www.weine-relax.it.

INFOS IN KÜRZE

Kellerei Meran Burggräfler
Kellereistraße 9
39020 Marling
Tel. 0473 447137
www.kellereimeran.it

Weinverkauf in der Önothek der Kellerei Mo.–Fr. 8–19 Uhr und Sa. 8–18 Uhr. Kellerführungen mit anschließender Weinverkostung von März bis Nov. von Mo.–Fr. jeweils um 15 Uhr. Private Führungen und Verkostung nach Voranmeldung möglich.

11 Innerleiterhof

Wer den Weg hinauf zum Hotel samt Kellerei findet, wird von der modernen Architektur des Kelleranbaus überrascht sein. Die Geschichte des selbst abfüllenden Betriebs – und damit des ersten in Schenna, der dies wagte – ist eine relativ junge.

Karl Pichler hat die Weinberge seiner Frau Karin Egger zu seinem persönlichen Anliegen gemacht; die Weinleidenschaft der beiden führte auch dazu, dass die vormals für den Obstbau genutzten Flächen in Weingärten umgewandelt wurden. 2011 wurde der Kellerneubau mit architektonisch eindrucksvoller Verbindung zum Hotel errichtet, inklusive inspirierendem Verkostungsraum mit Blick auf den Barrique-Keller. 2011 entstand bereits der erste Jahrgang des Selfmadewinzers. Sein Ziel: Weine zu schaffen, die sich mit hochwertiger Küche perfekt verbinden. Auch im Etikettenstyling zeigt man Mut zur Auffälligkeit – als junger Betrieb muss man auf sich aufmerksam machen! Eine zweite Leidenschaft Karl Pichlers sind die Edelbrände, die in der Privatbrennerei Wezl in Riffian entstehen.

DAS ANGEBOT AUF EINEN BLICK | Weißburgunder, Sauvignon, Meraner Hügel, Blauburgunder, rote Cuvée „Roaner".

DIE WEINEMPFEHLUNG | Die Trauben für den charaktervollen Weißburgunder stammen aus ältesten Reben in fast 500 m Seehöhe. Seine Saftigkeit und Ausgewogenheit machen diesen Wein für jeden Tag rundum vergnüglich.

WIE KOMMT MAN HIN? | Von der MeBo Ausfahrt Sinich/Meran Süd in Richtung „Gärten von Schloss Trauttmansdorff", etwa 400 m nach den Gärten links abbiegen, der Schennastraße folgen bis zum Brunnenplatz. Hier rechts auf die Virgilstraße, dann links in die Plantastraße abbiegen. Beim Gasthof Ofenbaur rechts auf den Leiterweg.

ESSEN & TRINKEN

Wirtshaus Thurnerhof: Etwas oberhalb des Innerleiterhofs gelegen, ist dieses Südtiroler Gasthaus ein idyllischer Platz für eine Brotzeit oder bodenständiges Essen. Die Weine des Innerleiterhofs gibt es selbstverständlich auch! Mo. Ruhetag. Warme Küche bis 21 Uhr, Verdinser Str. 26, Tel. 0473 945702, www.thurnerhof-schenna.com.

INFOS IN KÜRZE

Innerleiterhof
Familie Egger-Pichler
Leiterweg 8
39017 Schenna
Tel. 0473 946000
www.innerleiterhof.it

Da das Hotel nicht ganzjährig geöffnet ist, empfiehlt sich ein vorheriger Anruf, Tel. 0473 946000 oder 335 6533726.

Kellerführungen mit anschließender Verkostung. Gruppen bis zu 30 Personen werden gegen Voranmeldung gerne angenommen.

12 Kränzelhof

Der Kränzelhof ist für seine Weine bekannt, denen Franz Graf Pfeil eine eigenwillige und interessante Note mitgibt, für das herrschaftliche Anwesen, das von einer langen Geschichte zeugt und für seine „7 Gärten", die die Besucher faszinieren.

Franz Pfeil will Visionen verwirklichen, für Experimente ist er immer aufgeschlossen und er gibt sich auch nicht mit einfachen Lösungen zufrieden. Seit 1981, als er das Weingut (erstmals 1350 urkundlich erwähnt) übernommen hat, vermarktet er den Wein selbst. Zu seinen wichtigen Weinen zählen der reinsortige Vernatsch „Baslan", der hohe Qualitäten zeigt, außerdem der Weißburgunder „Helios" und die rote Cuvée „Sagittarius" aus Merlot und Cabernet Sauvignon sowie Blauburgunder in verschiedenen Qualitätsstufen. Als Spezialität gilt eine Trockenbeerenauslese vom Weißburgunder, die mit dem klingenden Namen „Dorado" bedacht ist. Schon seit den Anfängen in den 1980er-Jahren verwendet der Graf keine Herbizide, Kunstdünger und Insektizide. Durch rigoroses Ausdünnen der Trauben wird die Erntemenge klein gehalten – das Ergebnis ist dafür umso konzentrierter. Die Weine lässt Franz Pfeil

ESSEN & TRINKEN

Restaurant Miil: In der denkmalgeschützten Mühle neben dem Gut Kränzelhof können sich die Gäste auf eine kulinarische Gaumenreise freuen – im idyllischen Innenhof oder in den alten Mauern mit neuem Design wird man von Othmar Raich und seinem Team mit finessenreicher alpin-mediterraner Küche verwöhnt. Warme Küche von 12–14 Uhr und von 18.30–21.30 Uhr, So. und Mo. Ruhetag, 55 bis 60 Sitzplätze, Tel. 0473 563733.

lange im Fass und in der Flasche reifen, sie kommen deshalb meist später auf den Markt. Sein Lebensmotto lautet nach eigenem Bekunden: „Das Beständigste in meinem Tun ist, dass nichts nach festen Konzepten abläuft, sondern alles im Wandel ist. Nix ist fix." Dies hat jährliche Überraschungen und Änderungen im Weinsortiment zur Folge.

DAS ANGEBOT AUF EINEN BLICK | Weißburgunder, Sauvignon Blanc, Chardonnay, Weißburgunder „Helios", TBA „Dorado", Vernatsch, Rosé, Blauburgunder, Blauburgunder Riserva, Lagrein, Merlot , Cuvée „Sagittarius" (Merlot-Cabernet) und einiges mehr.

DIE WEINEMPFEHLUNG | Blauburgunder: kraftvoller, sortentypischer Rotwein mit ausgeprägten Aromen von roten Beeren und Kirsche. Sehr fein integriertes Holz (50 % neues Barrique), elegant mit langem Abgang.

WIE KOMMT MAN HIN? | Der Ansitz Kränzel liegt an der Straße zwischen Lana und dem südlichen Ortsende von Tscherms bei der Bushaltestelle Sportzone.

SEHENS- UND WISSENSWERTES

Die „7 Gärten" beim Kränzelhof umfassen eine Fläche von 20.000 m² (2 ha), wovon das Herzstück des Labyrinthgartens etwa 3.300 m² einnimmt. Die Erlebnisgärten sind besonderen Themen gewidmet wie z. B. dem Feiern, der Liebe oder der Sinnlichkeit. Viele kleine Orte zum Schauen und Meditieren. Im Inneren befinden sich Plätze und Nischen, die zur Präsentation von Werken verschiedener Künstler genützt werden. Öffentlich zugänglich von Ende März bis Anfang Nov. täglich von 9.30–19 Uhr.

INFOS IN KÜRZE

Ansitz Kränzel
Franz Graf Pfeil
Gampenstr. 1
39010 Tscherms
Tel. 0473 564549
www.kraenzelhof.it

Von Apr.–Mitte Nov. täglich von 9.30–19 Uhr geöffnet. Außerhalb der Saison auf Anfrage. Mi. um 16 Uhr Führung durch Weinberg und Keller mit Weinverkostung. Raritätenverkostungen und Führungen in den Erlebnisgärten auf Anfrage. Führungen für Groß und Klein nach Absprache jederzeit möglich.

13 Arunda

In Mölten, einem Dorf auf rund 1.200 m Höhe, ist die höchstgelegene Sektkellerei Europas zu finden. Durch Mölten fährt man nicht zufällig. Da muss man ein Ziel haben, und eines könnte aus gutem Grund „Arunda" lauten. Im Betrieb von Sepp Reiterer lernt man feinste Sekte kennen und erfährt, wie sie entstehen.

Mit 15 Jahren ging Sepp Reiterer von zu Hause weg und mit 33 Jahren und vielen Erfahrungen reicher kehrte er in seinen Heimatort zurück. Als er und seine Frau Marianne sich Ende der 1970er-Jahre auf das Wagnis einer Sektkellerei einließen, hat ihnen jeder davon abgeraten. Erstens wäre Sekt kein Thema, zweitens läge Mölten weitab von den wichtigen Weinbaugebieten und schließlich hätte Reiterer keinen bekannten Namen. Heute sind die Skeptiker eines Besseren belehrt. Sepp Reiterer produziert mit Erfolg seine eigenen Sekte und versektet überdies für andere Kellereien. Ein Arunda-Sekt hat Reifezeiten von mindestens zwei bis drei Jahren hinter sich. Die Riserva bringt es sogar auf fünf Jahre. Der „Excellor" ist der jüngste Vertreter im Sortiment, ein Rosé-Sekt aus 100 % Blauburgunder. Als Hommage an seine Frau kreierte Sepp Reiterer die Cuvée „Marianne", die er seit 1984 produziert. Werten möchte er seine Sekte lieber nicht, in seiner Idee steht jeder für sich und die passende Gelegenheit – sei es nun der Jahrgangsekt oder ein Rosé. Sohn Michael kümmert sich um den Verkauf, vor

allem im Ausland, seine Präsentationen haben ihn bis nach Japan oder Australien gebracht. Er ist sehr innovativ und bringt laufend neue Ideen in den Betrieb ein.

DAS ANGEBOT AUF EINEN BLICK | Sekte: Brut, Extra Brut, Blanc de Blanc, Cuvée „Marianne“, Riserva, Rosé, Rosé „Excellor“, „Parlein“-Bio, Rosé „Reiterer & Reiterer“ aus je 1/3 Schilcher, Weißburgunder und Blauburgunder.

DIE WEINEMPFEHLUNG | Arunda Brut: Das Standard-Produkt des Betriebs mit 50 % Chardonnay, 30 % Weißburgunder und 20 % Blauburgunder glänzt durch eine feine Hefenote, unterlegt von frischen Zitrus- und Apfelnoten. Ideal für warme Sommertage oder als Aperitif. 24–30 Monate Flaschengärung.

WIE KOMMT MAN HIN? | Von Terlan 13 km auf breiter Straße hinauf nach Mölten. Im Dorfzentrum Abzweigung nach rechts Richtung Jenesien. Von Vilpian Seilbahnverbindung nach Mölten.

ESSEN & TRINKEN

Berggasthaus Lanzenschuster: ein höchst lohnenswerter kulinarischer Abstecher bei Flaas, einem Dörfchen an der Straße von Mölten nach Jenesien. Hausgemachte Spezialitäten, gutes Weinangebot. Beschilderte Zufahrt ab Flaas. Von Apr. bis Nov. geöffnet, im Winter nur an den Wochenenden, kein Ruhetag. Lanzenweg 12, Tel. 0471 340012, www.lanzenschuster.com.

Hotel-Restaurant Alber in Vöran. Sohn Andreas Alber ist der Küchenchef und verwöhnt seine Gäste mit innovativer regionaler Küche. Große Arunda-Sektauswahl. So. abends und Mo. Ruhetag. Seilbahnstr. 10, Tel. 0473 278245, www.hotel-alber.com.

INFOS IN KÜRZE

Kellerei Arunda
Fam. Reiterer
Prof.-Josef-Schwarz-Str. 18
39100 Mölten
Tel. 0471 668033
www.arundavivaldi.it

Geöffnet von Mo.–Fr. von 8–12 Uhr und 14–18 Uhr. Jeden Mittwoch um 10 Uhr Kellerführung und Verkostung, Anmeldung empfehlenswert.

Führungen nach Anmeldung für Gruppen bis zu 30 Personen.

14 Kellerei Nals Margreid

Nals ist Stammsitz einer der jüngsten Genossenschaften Südtirols, die 1985 aus dem Zusammenschluss der beiden Kellereien Nals und Margreid-Entiklar entstanden ist. Im Jahre 2011 entstand ein neues Kellereigebäude. „Ausdruck des Terroirs und Anspruch an die Qualität der Weine sollten sich in diesem ansprechenden Komplex widerspiegeln", so das Führungsteam der Kellerei.

Die Weingärten der 140 Winzer der Kellerei liegen entlang der Weinstraße von Nals bis Margreid. Insgesamt werden etwa 150 ha bewirtschaftet, mitunter sind die Reben über hundert Jahre alt. Durch die Distanz der beiden ehemals getrennten Kellereien, Nals

SEHENS- UND WISSENSWERTES

Von Nals führt eine Straße hinauf nach Prissian, wo bei Schloss Katzenzungen die größte und wohl älteste Rebe der Welt wächst. Ca. 100 kg Trauben werden noch heute in guten Jahren geerntet und daraus wird ein Versoaln gekeltert. In der Schlossvinothek gibt es den Wein samt Urkunde zu kaufen. Die Gärten von Schloss Trauttmansdorff bei Meran haben die Patenschaft der 350 Jahre alten Rebe übernommen und so können mit dem Kombinationsticket „Gärten & Wein" die Gärten, Schloss Katzenzungen und die Rebe im Rahmen einer Führung mit anschließender Weinverkostung besichtigt werden. Sept.–Okt. Do. 14–18 Uhr. Infos und Anmeldung: Tel. 0473 920822 oder Tel. 0473 235730.

im Etschtal und Margreid im Unterland, ergibt sich ein breites Spektrum an klimatischen Bedingungen und Bodenbeschaffenheit. Das hat eine große Vielfalt im Programm zur Folge, die das ganze Sortiment der Südtiroler Weine abdeckt. Der Schwerpunkt liegt bei den Weißweinen, die über 65% der Abfüllung ausmachen, wobei die Hauptsorten Weißburgunder, Chardonnay und Sauvignon sind. Der Weißburgunder „Sirmian" 2012 wurde im Jahr 2014 gar zum besten Weißwein Italiens gekürt. Bei den roten Rebsorten bilden Vernatsch, Merlot und Lagrein den Großteil der Trauben. Die Produktion erfolgt weitgehend kontrolliert integriert, mit wöchentlichen Exkursionen eines Beratungsteams. Der Ausbau der Weine und damit die Kellerarbeit findet im neu errichteten Gebäudekomplex in Nals statt. Verkauft werden die Weine im Hauptsitz in Nals und im historischen Kellereigebäude Baron Salvadori am Dorfplatz von Margreid.

ESSEN & TRINKEN

Landgasthof Apollonia in Sirmian/Nals: herzlich geführter Familienbetrieb, gute saisonale Küche mit eigenen Produkten und hausgemachten Köstlichkeiten, z. B. Wildkräuter oder Nalser Spargel. Mo. Ruhetag. St.-Apollonia-Weg 3, Tel. 0471 678656 www.restaurant-apollonia.

Gasthof Jäger: neu interpretierte Südtiroler Küche, saisonal, frisch, wohliges Ambiente in der Bauernstube oder im schattigen Gastgarten mit herrlichem Panoramablick. Große Auswahl an Weinen der Kellereigenossenschaften. Di. Ruhetag. St.-Apollonia-Weg 5, Tel. 0471 678605, www.gasthof-jaeger.com.

DAS ANGEBOT AUF EINEN BLICK | Das Sortiment besteht aus über 25 Weinen in zwei Qualitätsstufen; neben der klassischen Linie mit 17 Weinen gibt es die Selektionslinie mit den wichtigsten Weinen: Weißburgunder „Sirmian" und „Penon", Pinot Grigio „Punggl", Sauvignon „Mantele", Gewürztraminer „Lyra", Vernatsch „Galea", Merlot „Levad", Cabernet Sauvignon „Lafot", Chardonnay Riserva „Baron Salvadori", Anticus-Cuvée Rot Riserva „Baron Salvadori" , Baronesse Passito „Baron Salvadori".

DIE WEINEMPFEHLUNG | Weißburgunder „Penon": rassiger Weißwein mit frischer Struktur, typische Noten von Birne und Apfel, feine milde Säure, rund und angenehm im Abgang. Die Trauben stammen aus Penon, einer hohen Lage aus Magreid im Südtiroler Unterland. Sechsmonatiger Ausbau im großen Holzfass und im Stahltank. Bereitet viel Trinkfreude.

WIE KOMMT MAN HIN? | In Vilpian (zwischen Bozen und Meran) Abzweigung nach Nals. Die Kellerei befindet sich in der Nähe der Kirche.

INFOS IN KÜRZE

Kellerei Nals Margreid
Heiligenbergerweg 2
39010 Nals
Tel. 0471 678626
www.kellerei.it

Verkosten und kaufen kann man die Weine in Nals und in Margreid (Tenuta Baron Salvadori St.-Gertraud-Platz 1, Margreid, Tel. 0471 817036), Mo.–Fr. 9–12 und 14–18.30 Uhr, Sa. 9–12 Uhr.

Kellerführungen: Apr.–Okt., jeden Mi. 16 Uhr Weinexkursionen oder kommentierte Verkostungen nach Voranmeldung.
In der Vinothek in Nals finden bis zu 30 Personen Platz.

15 Kellerei Terlan

Die Kellerei Terlan gehört zu den führenden Winzergenossenschaften Südtirols, durch die Fusion mit der Kellerei Andrian im Jahre 2008 sind nun die beiden ältesten Genossenschaften des Landes vereint. Heute gehört der Betrieb zu den renommiertesten und höchstprämierten Südtirols, wenn nicht sogar ganz Italiens.

Der Kellerei gehören etwa 220 Mitglieder an, deren Lagen von 280 bis zu 900 Höhenmetern reichen. Der Boden der Weinberge ist auffallend rot gefärbt. Das kommt vom Quarzporphyr, einem vulkanischen Gestein, das für die mineralische Note der Weine verantwortlich ist. In der Kellerei findet sich ein breites Sortenspektrum, das auf drei Linien aufbaut und zwischen der Kellerei Andrian und der Kellerei Terlan unterscheidet. An der Spitze stehen die Selektionen, die im kleinen und großen Holzfass ausgebaut werden. Dazu zählen etwa der Sauvignon „Quarz" und der Lagrein „Porphyr". Dann kommen die Lagenweine, etwa der Weißburgunder „Vorberg" mit großem Reifepotenzial oder die weiße Cuvée „Terlaner" und die klassischen Weine, die es schon seit 1893 gibt. Besondere Raritäten werden erst nach etwa 10 Jahren Reifezeit in kleinen Stahltanks auf der Feinhefe abgefüllt. Die Kellerei Terlan ist einer der wenigen Betriebe in Südtirol, die schon seit Jahrzehnten (kontinuierlich seit 1955) Weine archivieren. Von den Selektionsweinen wird jedes Jahr eine größere Anzahl von Flaschen für den späteren Verkauf zurückgelegt, dies spricht für das große Reifepotenzial der Weine. Seit 2014 glänzt der Terlaner I Grande Cuvée mit Erstjahrgang 2011 im Hause Terlan, ein perfektes Arrangement aus 85% Weißburgunder, 10% Chardonnay und 5% Sauvignon. Dieser Wein spielt qualitativ wie auch preislich in der internationalen Top-Liga mit.

DAS ANGEBOT AUF EINEN BLICK | Terlan: 11 Weine in der klassischen Linie, 7 in der Mittellinie und die Selektionslinie mit Terlaner Cuvée Weiß „Nova Domus", Sauvignon „Quarz", Gewürztraminer „Lunare" und Lagrein „Porphyr". Andrian: 10 Weine in der klassischen Linie, Selektionslinie mit Sauvignon „Andrius", Gewürztraminer „Movado", Lagrein „Tor di Lupo", Merlot „Gant", Selektion Pinot Noir „Anrar".

DIE WEINEMPFEHLUNG | Terlaner Klassisch: Ausschließlich im Stahltank ausgebaute Cuvée aus 60% Weißburgunder, 30% Chardonnay und 10% Sauvignon, floreale Note im Vordergrund, doch kommen auch Fruchtkomponenten wie Birne und Pfirsich zum Tragen. Angenehme Säure. Ca. 200.000 Flaschen werden davon jährlich produziert.

WIE KOMMT MAN HIN? | Terlan liegt nahe Bozen an der Landesstraße von Bozen nach Meran; die Kellerei ist gut ausgeschildert. Die Einfahrt liegt gegenüber dem „Haus des Apfels".

ESSEN & TRINKEN

Schwarzer Adler Andrian: Traditionelle Südtiroler Küche serviert in Alt-Tiroler Stuben. Mo. Ruhetag und Di. bis 17 Uhr. St.-Urban-Platz 4, Tel. 0471 510288, www.schwarzeradler-andrian.net.

Restaurant Zum Löwen: Hier kocht Anna Matscher, Südtirols erste und bislang einzige Sterneköchin. Mo. und Di. Ruhetag. Hauptstr. 72, Tisens. Tel. 0473 920927, www.zumloewen.it.

INFOS IN KÜRZE

Kellerei Terlan
Silberleitenweg 7
39018 Terlan
Tel. 0471 257135
www.kellerei-terlan.com
www.kellerei-andrian.com

Detailverkauf: Mo.–Fr. 8–12 und 14–18 Uhr, März–Okt. durchgehend. März–Dez. auch Sa. 8–12 Uhr.

Führungen: Do. um 15.30 Uhr oder auf Anfrage, Anmeldung erwünscht. Führungen für 6 bis maximal 20 Personen.

16 Von Braunbach

Die kontemplativen Aspekte spielen beim Besuch der Kellerei Von Braunbach eine wichtige Rolle. Besucher sitzen bei schönem Wetter höchst entspannt unter den großen Nussbäumen vor dem Gebäude – mitten in den Weinbergen von Siebeneich gelegen – und lassen ihren Blick übers Etschtal schweifen. Wenn es kühler wird, wechselt man in die modern und angenehm gestaltete Vinothek.

Seit 2004 gibt es die Kellerei Von Braunbach in Siebeneich. Das Gebäude gehört zum Kloster des Deutschen Ordens, dem es 1200 vom Bischof von Brixen geschenkt wurde. Hannes Kleon hat es angemietet und als Kellerei adaptiert. Zum Hof gehören keine eigenen Weingärten, doch Hannes Kleon arbeitet mit fixen Zulieferern, von denen er Trauben in guter Qualität bekommt. Diese stammen von 8,5 ha Weingütern in ausgesuchten Lagen im Überetsch und Etschtal, davon sind 2,5 ha im Besitz des Deutschen Ordens. So ist das Sortiment vielfältig und reicht von Sauvignon Blanc und Gewürztraminer über St. Magdalener und Merlot bis zu Cabernet und Lagrein, wobei die beiden letzten sich als Cuvée treffen. Bei passender Qualität wird diese zur Riserva ausgebaut. Zu zwei Dritteln dominiert der Rotwein das Sortiment, das aus der „Braunbach"- und der „Calldiv"-Linie besteht. Außerdem wird versektet, und zwar in einem eigenen klimatisierten Raum, wo die Flaschen auch gelagert werden. Der Sekt wird nach der klassischen Methode mit Flaschengärung hergestellt. Von Braunbach ist Mitglied der Südtiroler Sektvereinigung.

DAS ANGEBOT AUF EINEN BLICK | Linie „Braunbach“: Chardonnay, St. Magdalener; Linie „Calldiv“: Sauvignon, Gewürztraminer, Lagrein, Merlot, Cuvée Cabernet-Lagrein; außerdem Sekt „Von Braunbach Brut“.

DIE WEINEMPFEHLUNG | Von Braunbach Brut: flaschenvergorener Sekt aus 70 % Chardonnay und 30 % Weißburgunder mit 30-monatiger Hefelagerung. Der Sekt glänzt durch seine feine Perlage, ist sehr fruchtig mit Noten von Zitrus und Apfel; cremig. Gutes Preis-Leistungs-Verhältnis.

WIE KOMMT MAN HIN? | Siebeneich liegt nahe Bozen, an der Landesstraße nach Meran. Im Ort geht es bergwärts (gegenüber der Bushaltestelle nahe dem Restaurant Patauner) ca. 300 m zur Kellerei.

ESSEN & TRINKEN

In der architektonisch interessant gestalteten **Vinothek** der Kellerei gibt es diverse Kleinigkeiten, wie Speck und Käse. Speisen kann man auch im Gastgarten unter alten Nussbäumen. Traumhaft von Frühjahr bis Herbst!
Buschenschank Zilli: sympathischer Familienbetrieb in schöner Aussichtslage. Südtiroler Kost, im Herbst Törggelegerichte (nebst Eigenbauwein). 2 km nördlich von Terlan, bei der „Terlaner Weinstube“, führt eine asphaltierte Straße zum Buschenschank. Von März bis Mai und von Sept. bis Nov. geöffnet, Mo. Ruhetag. Vorbergweg 5, Tel. 0471 678142.

INFOS IN KÜRZE

Von Braunbach
Hannes Kleon
Pater-Romedius-Weg 5
39018 Siebeneich
Tel. 0471 910184
www.braunbach.it

Geöffnet Mo.–Fr. 9–12.30 und 15–20 Uhr, Mai–Sept. bis 22 Uhr; Sa. 9.30–13 Uhr. Kellerführung mit Einführung in die Sektproduktion, kommentierte Verkostung nach Anmeldung. In der Vinothek gibt es rund 50 Sitzplätze.

17 Weingut Kornell

Staves ist die Flurbezeichnung für das Gebiet um das Weingut Kornell der Familie Brigl. Das Wort soll sich von „staf" herleiten, der mittelhochdeutschen Bezeichnung für Stab, also Rebstützen. Auf den Feldern des Weinguts fand man verschiedene alte Werkzeuge, etwa eine Ackerhaue aus dem Jahr 500 n. Chr. Wahrscheinlich wurde hier schon in rätischer Zeit – also noch vor den Römern – Wein angebaut. Aus der Römerzeit stammt ein Rebmesser.

Auch die Familie Brigl selbst kann auf eine jahrhundertealte Tradition des Weinbaus zurückblicken: Seit 600 Jahren werden Reben angepflanzt, deren Ursprünge auf das 14. Jh. zurückgehen. Selbst eingekellert wird wieder seit dem Jahr 2001. Damals waren es lediglich 6.000 Flaschen, heute umfasst die Produktion etwa 100.000 Flaschen, die von der ca. 15 ha umfassenden Weinbaufläche stammen. Unter einem der schönsten Anwesen Südtirols befinden sich einige kleinere Keller, die vor allem für den Barrique-Ausbau genutzt werden; die Gärtanks und die größeren Fässer stehen im Hauptkeller in einem Nebengebäude. Geführt wird das Weingut von Florian Brigl, der nicht nur für den Inhalt seiner Flaschen, sondern auch

INFOS IN KÜRZE

Weingut Kornell
Florian Brigl
Bozner Str. 23
39018 Siebeneich
Tel. 0471 917507
www.kornell.it

Geöffnet Mo.–Do. 8–12 Uhr und 13.30–17 Uhr, Fr. 8–12 Uhr, Kellerführungen und kommentierte Verkostungen nach Anmeldung.

Führungen für maximal 20 Personen. Anmeldung erwünscht.

für deren Etikettierung ausgezeichnet wurde. Der schlichte, aber sehr modern eingerichtete Verkostungsraum bietet einen passenden Rahmen für Degustationen. Der junge Kellermeister Marco Christé ist seit 2013 verantwortlich für die Weinbereitung.

DAS ANGEBOT AUF EINEN BLICK | Weißburgunder „Eich", Gewürztraminer „Damian", Sauvignon Blanc „Cosmas", Sauvignon „Oberberg", Blauburgunder „Marith", Lagrein „Greif", Cuvée „Zeder" (Cabernet, Merlot, Lagrein); in der „Staves"-Linie gibt es außerdem einen reinsortigen Lagrein, einen Merlot und einen Cabernet Sauvignon.

DIE WEINEMPFEHLUNG | Cuvée „Zeder" aus Merlot, Cabernet und Lagrein: ein frisch fruchtiger Rotwein, mit Düften nach roten Beeren und grünem Paprika. Saftig, mit markanter Säure und kernigen Gerbstoffen. Im großen Holzfass ca. 8 Monate ausgebaut, es werden ca. 20.000 Fl. produziert. Der Name stammt von einer alten Libanonzeder, die am Weingut wächst.

WIE KOMMT MAN HIN? | Siebeneich liegt nahe Bozen, an der Landesstraße nach Meran. Von Bozen kommend gleich nach dem Gasthaus Kuhn rechts zum Gut abbiegen.

ESSEN & TRINKEN

Restaurant Pataumer: Die Traditionsgaststätte Pataumer in Siebeneich zeigt große Kreativität bei kleinen wie üppigen Gerichten. Im Frühjahr vielfältige innovative Spargelgerichte. Auf die Weinkultur wird sehr viel Wert gelegt. Küchenchef Florian Pataumer ist Vorsitzender der Vereinigung „Südtiroler Gasthaus". Do. Ruhetag, von Juli bis Sept. So. Bozner Str. 6, Tel. 0471 918502, www.restaurant-pataumer.net.

18 Kellerei Bozen

Die Kellerei Bozen ist eine der jüngsten Kellereigenossenschaften Südtirols. Sie entstand im Jahre 2001 aus dem Zusammenschluss der Kellerei Gries (1908) und der Kellerei St. Magdalena (1930). Ergebnis ist ein überaus vielfältiger Betrieb, der besonders beim St. Magdalener und beim Lagrein über die besten Lagen im großen Einzugsgebiet verfügt und daraus charaktervolle Weine produziert.

Die 220 Mitglieder bewirtschaften eine Rebfläche von 350 ha. So ziemlich alle Lagen und alle Sorten, die es in Südtirol gibt, stehen zur Verfügung. Die Genossenschaftswinzer werden von Weinbauberatern unterstützt, außerdem finden regelmäßige Treffen statt, um etwa die Mitglieder durch Vergleichsverkostungen zu schulen. In den letzten Jahren konnte die Kellerei mit ihrem Lagrein Riserva „Taber“ und dem St. Magdalener „Huck am Bach“ wichtige Prämierungen gewinnen. Daneben gibt es noch ein breites Spektrum hochwertiger und hochpreisiger Weine, aber auch einige mit gutem Preis-Leistungs-Verhältnis.
Gleich links neben der Hofeinfahrt befindet sich die Vinothek, die von sehr rührigen und kompetenten Mitarbeitern betreut wird. Dort kann man sich für eine Betriebsführung anmelden oder die Weine verkosten, bevor man sich für den einen oder anderen entscheidet.

DAS ANGEBOT AUF EINEN BLICK | Klassik-Linie mit vielen klassischen Südtiroler Traubensorten.
Lagenlinie: Weißburgunder „Dellago“, Sauvignon „Mock“, St. Magdalener „Huck am Bach“, Lagrein „Baron Eyrl“, Lagrein Riserva „Prestige“, Merlot Riserva „Siebeneich“, Cabernet „Mumelter“, Lagrein Riserva „Taber“ u. a. m.

DIE WEINEMPFEHLUNG | Lagrein Grieser Riserva „Prestige“: fruchtig nach Brombeere und reifen Kirschen, Duft nach Bitterschokolade und Vanille. Feines Tannin mit gut eingebundener Säure. Für ein Jahr im großen Holzfass ausgebaut, stammt von den besten Lagreinlagen rund um Gries.

WIE KOMMT MAN HIN? | Die Kellerei liegt direkt am Grieser Platz (erreichbar über die Freiheitsstraße oder die Vittorio-Veneto-Straße); etwas versteckt schräg gegenüber dem Kloster Muri-Gries befindet sich die Einfahrt zur Kellerei.

ESSEN & TRINKEN

Gasthaus Messner: In Glaning, einer kleinen Hochfläche am Berghang im Rücken von Gries, liegt der bodenständige Gasthof mit stimmungsvoller Glasveranda. Zu erreichen über die Straße nach Jenesien oder zu Fuß in einer schönen Wanderung, die am Grieser Platz beginnt. Aufstieg über die Guntschnapromenade und auf einem alten Plattenweg, ca. 1½ Stunden, ca 500 Höhenmeter. Deftige Küche, viele hausgemachte Mehlspeisen und Eigenbauweine. Juli und Aug. geschlossen, Mo. Ruhetag. Glaning 3, Tel. 0471 281353.

SEHENS- UND WISSENSWERTES

In der Brennerstraße 15 gibt es noch einen Verkaufsraum der ehemaligen Kellerei St. Magdalena, Tel. 0471 976733.

INFOS IN KÜRZE

Kellerei Bozen
Grieser Platz 2
39100 Bozen
Tel. 0471 270909
www.kellereibozen.com

Mo.–Fr. 8.30–12.30 und 14.30–18 Uhr, Sa. 8–12 Uhr. Kellerführungen mit anschließender Verkostung auf Anfrage.

19 Muri-Gries Weingut/ Klosterkellerei

Das Kloster Muri-Gries hätte viel zu bieten, doch die Klosterbrüder lieben die Stille in ihrem weitläufigen Anwesen mit dem wuchtigen Glockenturm und dem romanischen Kreuzgang direkt am Grieser Platz. Besucher werden dafür mit einigen der besten Rotweine entschädigt, die es in Südtirol zu verkosten gibt.

Als die Benediktinerpatres 1845 aus ihrem Schweizer Kloster Muri vertrieben wurden, fanden sie im Kloster Gries eine neue Heimat. Zuerst wurde der Wein nur für den Eigenbedarf gekeltert, doch mittlerweile ist er ein wichtiges wirtschaftliches Standbein. In einer ehemaligen Kirche des Konvents finden die modernen Gärbehälter Platz und die Weine reifen in einem Keller aus dem 13. Jh. Obwohl Muri-Gries auch Lagen in Eppan besitzt, ist das Herzstück doch der Klosteranger, die größte und beste Lagreinanbaufläche mitten in Bozen. Wie das Kloster ist auch dieses Areal denkmalgeschützt und landwirtschaftliche Bannzone. So erklärt sich, warum der Lagrein in allen Spielarten die wichtigste Rebsorte im Betrieb ist. Wurde er früher nur als Kretzer, also als Rosé ausgebaut, versucht Kellermeister Christian Werth ihm heute alle Finessen zu entlocken. Daneben werden vorwiegend Vernatsch in verschiedenen Varianten (Kalterersee, St. Magdalener, Grauvernatsch) und Blauburgunder produziert. Die Spitzenweine werden in der Weinlinie „Abtei Muri" vermarktet, hier finden sich eine weiße Cuvée aus Weißburgunder und Pinot Grigio, ein Blauburgunder, der hochgelobte Lagrein sowie der edelsüße Rosenmuskateller, der einen feinen Rosenduft verströmt.

DAS ANGEBOT AUF EINEN BLICK | Geboten werden 16 verschiedene Weine in zwei Linien, zwölf in der klassischen Linie „Muri-Gries" und vier in der Linie „Abtei Muri": Weißburgunder, Blauburgunder Riserva, Lagrein Riserva, Rosenmuskateller.

DIE WEINEMPFEHLUNG | Lagrein Riserva Abtei Muri: einer der wohl bekanntesten Lagreinweine Südtirols mit Kultstatus. Komplex und vielschichtig mit Noten von Brombeeren, im gereiften Zustand

Leder und Lakritze, strukturiert, finessenreich mit langem samtigen Abgang. Stammt aus den Lagen um Bozen Gries, den besten Lagen des Landes für diese Sorte, ausgebaut wird er für 15 Monate im kleinen Holzfass.

WIE KOMMT MAN HIN? | Die Klosterkellerei befindet sich direkt am Grieser Platz, wo sich rechts neben der mächtigen Barockkirche der Eingang zum Verkostungs- und Verkaufslokal befindet.

ESSEN & TRINKEN

Buschenschank Föhrner: In Gries, bei der alten Pfarrkirche, startet der „Glaninger Ochsenweg" (Nr. 9) nach Glaning; nach 40 Minuten Fußweg gelangt man zum Buschenschank. Mit dem Auto über die Straße von Bozen nach Jenesien erreichbar. Eigener Wein und Säfte, deftige Küche von Schlachtplatte über Wildgerichte bis hin zu Strudel. Von Mitte Sept. bis 20. Dez. und von Anfang Jan. bis Mitte Juni Do. bis So. und an Feiertagen ab 12 Uhr geöffnet. Glaningerweg 19, Tel. 0471 287181.

SEHENS- UND WISSENSWERTES

Die Stiftskirche der Benediktinerabtei, die den Grieser Platz dominiert, ist in reinem Barock erbaut (um 1770) und mit Fresken von Martin Knoller reich ausgestattet. Im romanischen Glockenturm, dem Bergfried einer ehemaligen Wehranlage, hängt mit rund fünf Tonnen die größte Kirchenglocke Südtirols. Hier ist auch auf drei Etagen eine Ausstellung von Krippen aus unterschiedlichsten Materialien und Formen untergebracht. Die älteste Krippe datiert aus dem Jahr 1750. Geöffnet von Feb.–Nov., erster Sa. im Monat von 15–17 Uhr, Dez. und Jan. jeden Sa. von 15–17 Uhr, Juli und Aug. nur nach Voranmeldung, Tel. 0471 281116.

INFOS IN KÜRZE

Weingut/Klosterkellerei Muri-Gries
Grieser Platz 21
39100 Bozen
Tel. 0471 282287
www.muri-gries.com

Geöffnet Mo.–Fr. 8–12 und 14–18 Uhr. Keine Führungen. Verkostungen im Detailverkauf möglich.

20 Weingut Schmid-Oberrautner

Das Weingut Schmid-Oberrautner liegt mitten im eleganten Wohnviertel von Gries. Die moderne Vinothek, die von der Fagenstraße aus zu sehen ist, hat sich zu einem bewährten Treffpunkt entwickelt. Die Wirtschafts- und Wohngebäude befinden sich gleich dahinter und stammen zum Teil aus dem Jahre 1411 – Zeugnis für ein Leben mit dem Wein bis herauf in unsere Zeit.

Florian Schmid entstammt einer der ältesten Winzerfamilien Südtirols; er selbst ist in der zwanzigsten Generation Winzer auf dem Familienhof, dessen Ursprung auf das Jahr 1365 zurückgeht. Er führt den Betrieb voller Elan und mit großem Engagement. Zeitmanagement ist alles, wenn er zwischen Keller, Lokal, Weingarten und Büro wechselt. Verarbeitet werden Trauben von etwa 13 ha, davon sind 3,5 ha eigener Besitz; der Rest stammt von verwandten Vertragswinzern. Hauptsorte ist der Lagrein, der als Kretzer, als „Grieser", als „Villa Schmid" und als Riserva angeboten wird. Von einem Hof in Missian im Überetsch kommen Weißweine und Cabernet, aus der Nähe von Kurtatsch im Unterland der

Merlot. Die Weine überraschen durch ihre Frische und Trinkigkeit und weisen ein gutes Preis-Leistungs-Verhältnis auf.

DAS ANGEBOT AUF EINEN BLICK | Weißburgunder, Chardonnay, St. Magdalener, Lagrein Kretzer, Lagrein „Villa Schmid", Lagrein Riserva, Blauburgunder, Merlot und Cabernet.

DIE WEINEMPFEHLUNG | Lagrein aus Gries „Villa Schmid": sehr süffiger und fruchtiger Lagrein mit leichten Anklängen von Röstaromen. Geschmeidig mit feinem Schmelz. Ausbau in großen und kleinen Holzfässern.

WIE KOMMT MAN HIN? | Vom Grieser Platz kommend (erreichbar über die Freiheitsstraße oder die Vittorio-Veneto-Straße) in die Fagenstraße; das Weingut befindet sich nach ca. 150 m auf der linken Seite.

ESSEN & TRINKEN

In der hauseigenen **Vinothek** reicht das Angebot weit über das eigene Sortiment hinaus. Kleine Auswahl von Weinen aus aller Welt sowie Südtiroler und andere italienische Delikatessen (Speck, Nudeln, Olivenöl, Eingelegtes usw.), kleine kalte Gerichte. Lauschiger Gastgarten. Weinbar: Geöffnet von Mo–Mi 17–21 Uhr, Do–Fr 17–22.30 Uhr.

Gasthaus Schloss Rafenstein: Der Landgasthof unterhalb der Ruine von Schloss Rafenstein ist mit dem Auto über die Straße von Bozen nach Jenesien erreichbar; die Abzweigung ist ausgeschildert. Deftige bäuerliche Kost. Im Herbst Törggelen mit Eigenbauweinen. Von Juli bis Anfang Sept. geschlossen, Di. Ruhetag. Rafensteinerweg 38, Tel. 0471 971697.

INFOS IN KÜRZE

Weingut Schmid-Oberrautner
Florian Schmid
Michael-Pacher-Str. 3
39100 Bozen
Tel. 0471 281440
www.schmid.bz

Geöffnet von Mo.–Fr. von 8–12 und 14–21.30 Uhr, Sa. 9–12 Uhr. Kellerführungen und Verkostungen nach Voranmeldung, dazu gibt's Käse und Speck.

Jeden Freitag um 15 Uhr Kellerführung mit Voranmeldung.
Führungen für Gruppen bis zu 20 Personen.

21 Weingut Egger-Ramer

Das Weingut Egger-Ramer liegt mitten in Bozen, statt Weingärten finden sich Seitenstraßen und Vorgärten. Doch wenn man den Hof – und erst die weitläufigen alten Keller mit ihren Gewölben – betreten hat, weiß man, dass hier tüchtig produziert wird. Lichtinstallationen verschaffen ein eigentümliches Gepräge und schlagen eine Brücke von der traditionellen Sicht des Weinbaus in die Moderne.

Seit 1900 ist die Familie Egger-Ramer vor Ort; das Weingut führt sie in fünfter Generation. Die Weingärten, etwa 15 ha, liegen im Stadtteil Gries und in der Umgebung von Bozen. Der Großteil ist eigener Grund, der Zukauf kommt von langjährigen Vertragswinzern. Der Schwerpunkt im Sortiment liegt auf dem Lagrein. Angeboten werden vier verschiedene Varianten, vom Rosé bis zum Riserva. „Lagrein ist ein Juwel, das geschliffen werden muss. Er eignet sich für den Ausbau im Holzfass und bleibt trotzdem trinkfreudig und fruchtig", meint Peter Egger-Ramer, der in Heilbronn Weinbetriebswirtschaft studiert hat. Er setzt auf innovatives Marketing, so wird etwa der Lagrein klassisch auf Wunsch mit einem Etikett mit einem der 12 Tierkreiszeichen abgefüllt.

DAS ANGEBOT AUF EINEN BLICK | In zwei Linien werden 11 Weine angeboten; bei den Weißen u.a. Weißburgunder, Müller-Thurgau „Sabbiolino", Gewürztraminer; bei den Roten liegt der Schwerpunkt auf Lagrein (Lagrein Rosé, Lagrein klassisch, Lagrein „Kristan", Lagrein „Kristan" Riserva) und Vernatsch (St. Magdalener Classico

„Reisegger"), eigener Apfelsaft und hochwertige feinste Lagrein-Pralinen.

DIE WEINEMPFEHLUNG | Lagrein „Kristan": Fruchtig nach Heidelbeere und frischer Zwetschke duftend, Noten von Veilchen, am Gaumen saftig, angenehm frisch. Rustikal klassischer Grieser Lagrein. 10 Monate Reifung im Eichenholzfass (85% großes Fass und 15% Barriquefass).

WIE KOMMT MAN HIN? | Die Guntschnastraße ist über die Cadornastraße erreichbar, die vom Kreisverkehr am IV.-November-Platz nahe der Talferbrücke nordwärts (Richtung Sarntal) führt.

ESSEN & TRINKEN

Restaurant Walthers': gehobene Küche und Pizzeria, erstklassige Weinkarte, modernes Ambiente in historischen Gemäuern, Lounge, 2 Terrassen direkt am Waltherplatz. Waltherplatz 6, Tel. 0471 982548, www.walthers.it.

Franziskanerstube: gemütliches Ambiente in altstädtischer Gastlichkeit, bodenständige Küche im Herzen der Stadt. Von 10–15 Uhr und 17.30–24 Uhr geöffnet, So. abends geschlossen. Franziskanergasse 7, Tel. 0471 976183, www.franziskanerstuben.com.

INFOS IN KÜRZE

Weingut Egger-Ramer
Fam. Egger-Ramer
Guntschnastr. 5
39100 Bozen
Tel. 0471 280541
www.egger-ramer.com

Mo.–Fr. 8.30–12.30 und 14.30–19 Uhr, Sa. 8.30–12.30 Uhr. Im Herbst nur bis 16 Uhr.

Gruppen bis zu 20 Personen nach Anmeldung.

22 Weingut Hans Rottensteiner

Im Norden des Bozner Stadtgebiets ragt der Rundturm der Ruine Treuenstein empor, besser bekannt unter dem Namen Gscheibter Turm. Etwas unterhalb liegt das Weingut der Familie Rottensteiner, die schon seit vielen Generationen mit dem Weinbau verbunden ist. Gegründet wurde der Betrieb 1956 von Hans Rottensteiner, heute wird er von Sohn Toni und Enkel Hannes geführt.

Im Weingut werden Trauben von etwa 100 ha Rebfläche gekeltert, davon stammen 10 ha aus Familienbesitz, der Rest wird von ca. 60 Vertragswinzern zugeliefert. Fünf Höfe sind mit der Familie Rottensteiner und ihrem Betrieb besonders verbunden: der Reiterhof, Heimathof von Toni Rottensteiner und heute von Tonis Neffen Klaus bewirtschaftet, der Hofmannhof, der von Tonis jüngster Tochter Silvia betrieben wird und der Kristplonerhof, einer der ältesten Höfe des Bozner Raums, der von Evi, der ältesten Tochter von Toni geführt wird. Hiervon stammt der Gewürztraminer Passito „Cresta". Weiters der Premstallerhof, im Besitz einer Schweizer Familie, der zur Gänze biodynamisch bewirtschaftet wird – von diesem Hof stammt einer der wichtigsten Lagenweine, der St. Magdalener „Premstallerhof" – und zuletzt der Köfelehof, welcher ein Neuzugang im Besitz ist und um den sich Enkel Hannes kümmert. Für Toni und Hannes Rottensteiner liegt der Schwerpunkt bei den Bozner Gewächsen Lagrein und St. Magdalener.

DAS ANGEBOT AUF EINEN BLICK | 23 Etiketten aufgeteilt auf drei Linien: die Classic-Linie mit 14 Weinen, die Cru-Linie mit Weißburgunder „Carnol", Gewürztraminer „Cancenai", Edelvernatsch „Kristplonerhof", St. Magdalener „Premstallerhof" und die Select-Linie mit Prem (85% Vernatschanteil), Blauburgunder, Lagrein und Cabernet.

DIE WEINEMPFEHLUNG | St. Magdalener „Premstallerhof": Sehr sortentypischer St. Magdalener nach Kirschen und Mandeln duftend. Gut strukturierter, fülliger Wein, saftig. Ein Klassiker. Die Trauben stammen vom Premstallerhof. Zum größten Teil im großen Holzfass ausgebaut.

WIE KOMMT MAN HIN? | Die Sarntaler Straße führt in nördlicher Richtung aus Bozen heraus. Kurz nach der Abzweigung der Straße nach Jenesien liegt linkerhand das Weingut.

ESSEN & TRINKEN

Restaurant Rastbichler: Gleich schräg gegenüber des Weingutes liegt das Restaurant Rastbichler mit einem schönen Gastgarten unter einem Rebendach. Geradlinige Küche mit starkem saisonalem Bezug. So. Ruhetag. Cadornastr. 1, Tel. 0471 261131, www.ristoranterastbichler-restaurant.com.

INFOS IN KÜRZE

Weingut Hans Rottensteiner
Sarntaler Str. 1a
39100 Bozen
Tel. 0471 282015
www.rottensteiner-weine.com

Mo.–Fr. 8–12 und 14–18 Uhr, Sa. 9–12 Uhr. Kellerführung nach Voranmeldung.

Im Verkostungslokal finden 30 Personen Platz.

23 Messnerhof

Auf den ersten Blick erfasst man nur ein Wohnhaus mit einem gepflegten Garten und mit toller Aussicht in einer schönen Lage am Stadtrand von Bozen. Gleich bei den Weingärten natürlich. Wenn Bernhard Pichler aber die Tür zum Hofgebäude öffnet, dann ist alles klar: Hier wird Wein gemacht, und zwar mit Umsicht, Überlegung und der richtigen Finesse.

Wie erfindungsreich Bernhard Pichler als Winzer vorgeht, zeigt sich an kleinen Hilfsmitteln (etwa einer Schiebevorrichtung für die Barriquefässer), die er sich ausgedacht hat, weil er die Arbeit im Keller alleine bewerkstelligen muss. Bernhard Pichler ist eigentlich Lehrer für Kellerwirtschaft an der Oberschule für Landwirtschaft in Auer, doch gehört ihm auch der Messnerhof, einer der ältesten Betriebe in St. Peter, einem dörflich anmutenden Stadtteil von Bozen. Einfach die Trauben an eine Genossenschaft zu liefern, behagte ihm nicht. Außerdem war es sein Kindheitstraum, eigenen Wein zu machen. Gesagt, getan. Zuerst produzierte er nur Weine für den Privatgebrauch, doch seine Qualitäten sprachen sich bald herum und so wurde die Produktion ausgeweitet. Heute kann Pichler auf ein kleines, aber feines und wohl abgestimmtes Sortiment verweisen. Den St. Magdalener baut er im großen Holzfass und im Barrique aus. Weiters produziert er eine Lagrein Riserva und als Spezialität die rote Cuvée „Belleus“ (komponiert aus verschiedenen roten Sorten), die sehr viel Feinheit in der Beschaffenheit und Fantasiereichtum zeigt. Neu im Sortiment ist die IGT Rotweincuvée „Mos Maiorum“ aus 80% Vernatsch. Der Rest setzt sich aus alten Rebsorten wie „Edelschwarzer“, „Gschlafener“ und Lagrein zusammen. Seit 2013 gibt es einen neuen Verkostungsraum mit Panoramablick Richtung Bozen, der 30 Personen Platz bietet.

DAS ANGEBOT AUF EINEN BLICK | Terlaner Sauvignon, Gewürztraminer, St. Magdalener „Mos Maiorum“, Lagrein Riserva, rote Cuvée „Belleus“ (Cabernet, Merlot, Syrah, Tempranillo und Petit Verdot).

DIE WEINEMPFEHLUNG | Mos Maiorum: Rotweincuvée mit fruchtig-würzigen Noten von roten Beeren, Pfeffer und weichem Tannin. Nach einmonatiger Maischegärung in 500-Liter-Holzfässern für 15 Monate ausgebaut. Nach einem Jahr in der Flasche kommen die ca. 1.000 Flaschen auf den Markt.

WIE KOMMT MAN HIN? | Von Bozen Richtung Sarntal, vor der Jenesier Seilbahn über die St.-Anton-Brücke, danach scharf links abbiegen und gleich wieder rechts in den Ortsteil St. Peter hinauf, am Hotel Hanny vorbei und nach der nächsten Kurve ist man am Ziel.

ESSEN & TRINKEN

Landgasthof zum Hirschen: Traditionelles Haus, das seit 3 Generationen von den Frauen der Familie Oberkofler geführt wird. Viele überlieferte alte Rezepte neu interpretiert, saisonale Produkte aus eigenem Anbau und hofeigenes Fleisch wie Fohlen, Kalb, Ochse und Rind. Weine von Messnerhof sind erhältlich. Mi. Ruhetag. Schrann 9c, Jenesien, Tel. 0471 354195, www.hirschenwirt.it

INFOS IN KÜRZE

Messnerhof
Bernhard Pichler
St. Peter 7
39100 Bozen
Tel. 0471 977162
www.messnerhof.net

Nach Voranmeldung sind Besuche mit Weinbergführung und Verkostungen möglich.

Es gibt eine Ferienwohnung für 4–6 Personen.

24 Griesbauerhof

Unmittelbar vor der Haustür des Griesbauerhofs beginnen die Rebflächen. Hier wird u. a. der klassische St. Magdalener geerntet. Auf der nahen, viel befahrenen Rentscher Straße oberhalb des Hauses zieht der Verkehr vorbei, aber beim Griesbauer ist es ruhig und abgeschieden.

Der Hof ist seit 1785 in Familienbesitz, doch Georg Mumelter verweist stolz darauf, dass an diesem Ort noch viel früher mit dem Weinbau begonnen wurde. Die Lage passt, denn die Südausrichtung, der sandige Lehmboden und der sanfte Wind fördern die Qualität der Trauben und sorgen dafür, dass harmonische Weine entstehen. Dass der Wein wieder eine wichtige Rolle am Hof spielt, ist Georg Mumelter zu verdanken, denn als er nach seiner Ausbildung in San Michele im Trentino den Betrieb übernahm, lag der Schwerpunkt noch auf Obstbau. Mumelter bewirtschaftet heute etwa 9 ha landwirtschaftliche Fläche, von denen ca. 4 ha mit Reben bepflanzt sind. Seit 1978 füllt er ab. Die Hälfte der Fläche nimmt der Vernatsch ein, es folgen

Lagrein und Cabernet Sauvignon. Die zwei weißen Sorten Pinot Grigio und Weißburgunder stammen aus einem höher gelegenen Weinberg in Eppan. Seit 1999 produziert Georg Mumelter jedes Jahr Riserva-Qualitäten; dafür sind die Sorten Lagrein und Cabernet reserviert. Seit 2008 wird in der Lage Spitz am Zusammenfluss von Eisack und Etsch auf etwas weniger als einem Hektar der harmonische Merlot „Spitz“ angebaut. Seine Komplexität und Fruchtigkeit macht ihn zu einem der besten Merlots Südtirols.

DAS ANGEBOT AUF EINEN BLICK | Pinot Grigio, Weißburgunder, Merlot Rosé, St. Magdalener Classico, „Isarcus“ , Lagrein, Lagrein Riserva, Merlot „Spitz“, Cabernet Sauvignon Riserva, „Tirolensis Ars Vini“.

DIE WEINEMPFEHLUNG | Lagrein: Duftnoten von reifen Beeren, Weichselkirsche und Mandeln. Extraktreich mit feiner Fruchtsüße und Moccanoten. Der Wein wird im großen Holzfass ausgebaut und hat eine limitierte Produktion von 5.000 Flaschen. Sehr gutes Preis-Leistungs-Verhältnis.

WIE KOMMT MAN HIN? | Von der Rentscher Straße am nördlichen Stadtrand von Bozen zweigt nach der Abzweigung nach St. Magdalena (in Fahrtrichtung Norden) rechts die Hofzufahrt ab.

ESSEN & TRINKEN

Löwengrube: Traditionshaus (Wirtshaus seit 1543) mit der „ältesten Stube Bozens“ am Zollstangenplatz. Restaurant und Weinbar seit 2011 mit trendigem Einrichtungsdesign. Treffpunkt für Politiker und Geschäftsleute, aber auch für „Alt und Jung“, gepflegt aber lässig. Von 11–15 und 18–24 Uhr geöffnet, So. Ruhetag. Zollstangenplatz 3, Tel. 0471 970032, www.loewengrube.it.

INFOS IN KÜRZE

Griesbauerhof
Georg und Margareth Mumelter
Rentscher Str. 66
39100 Bozen
Tel. 0471 973090 / 338 6137880
www.griesbauerhof.it

Keine bestimmten Öffnungszeiten, Führungen durch Hof und Weinberge mit anschließender Verkostung auf telefonische Anfrage, meist ist jemand zu Hause. An Sonn- und Feiertagen geschlossen. Bis zu 20 Personen können geführt werden.

25–27 St.-Magdalena-Winzer

St. Magdalena ist für Südtirol einmalig. Auf einem über und über von Weingärten überzogenen Hügel am nordwestlichen Stadtrand von Bozen zieht sich eine schmale und steile Straße in wenigen Minuten hinauf zum Weiler. Entlang dieser Straße finden sich gleich drei stattliche Weinhöfe: der Glögglhof, der Untermoserhof und der Obermoserhof. Sie setzen auf Qualitätsweine – vornehmlich auf den St. Magdalener – und füllen selbst ab. Mit selbst auferlegten Ertragsbeschränkungen suchen sie ihr Qualitätslevel zu halten.

WANDERUNG

In St. Magdalena beginnt die Oswaldpromenade, die das Weindörfchen mit dem Stadtteil St. Anton verbindet. Gesäumt von mediterraner Vegetation und Ruhebänken zieht sich der Weg fast eben und aussichtsreich am sonnigen Porphyrhang entlang. Das letzte Stück geht über Serpentinen und Holzbrücken hinunter zur St.-Anton-Brücke. Der Promenaden-Spaziergang ist zur Zeit der Blüte, von März bis Mai, am farbenprächtigsten; im Sommer sehr warm. 1 Stunde Gehzeit, 140 Höhenmeter abwärts. Über die Wassermauerpromenade entlang der Talfer ins Stadtzentrum und mit dem Stadtbus Nr. 1 zurück in die Rentscher Straße.

WIE KOMMT MAN HIN? | Nahe der Pfarrkirche von Rentsch, dem nördlichen Stadtteil von Bozen, zweigt Richtung Berghang die schmale Straße nach St. Magdalena ab. Der erste Hof bei der ersten Abzweigung nach rechts ist der Glögglhof, dann kommt links der Untermoserhof. Ungefähr auf dieser Höhe geht es nach rechts durch eine kleine Seitengasse zum Obermoserhof.

ESSEN & TRINKEN

Rund um St. Magdalena bieten sich mehrere lohnende Einkehrstätten an:

Restaurant Eberle: Gediegenes Hotel und Restaurant mit großer Aussichtsterrasse, am Beginn der Oswaldpromenade in St. Magdalena gelegen und daher von Spaziergängern viel besucht. Internationale Küche mit mediterranem Einschlag. Mitglied der Vinum Hotels Südtirol. Geöffnet 12–14.30 und 18.30–21.30 Uhr, So. und Mo. Ruhetag. Obermagdalena, Tel. 0471 976125, www.hotel-eberle.com.

Familie Gasser führt am **Steidlerhof** in Obermagdalena einen Buschenschank. Geboten wird deftige Kost, auch Strudel und Kuchen. Neben hausgemachten Säften gibt es Eigenbauweine. Sonnenterrasse. Von Mitte März bis Anfang Juni Do.–So. 11–24 Uhr und Mitte Sept.–Anfang Dez. Mi.–Do. 17–24 Uhr und Fr.–So. 12–24 Uhr geöffnet. Obermagdalena 1, Tel. 0471 973196, www.steidlerhof.bz.

25 Glögglhof

Franz Gojer wird leidenschaftlich, wenn er mit Gästen in seiner Koststube, die gleichzeitig sein Büro ist, sitzt und über den St. Magdalener spricht. Er gilt als Botschafter dieses Weines, der die Leitsorte in seinem Betrieb ist und bei ihm ungewöhnliche Finesse erreicht. Die Trauben stammen vom Weinberg Rondell, einem kleinen Moränenschutthügel hinter dem Haus. Daraus entstehen der St. Magdalener Classico und der „Rondell", eine spezielle Traubenselektion aus alten Stöcken, die viel Tiefe und Frucht aufweist. Aus den Lagen am Bozner Boden und in Gries kommen die Lagrein-Trauben. In Karneid auf 600 m Meereshöhe entstehen mineralische und authentische Weißweine aus den Sorten Weißburgunder, Sauvignon und Kerner. Der PIPA ist ein Dessertwein, der sich am Portwein orientiert. Dieser erste Südtiroler „Portwein" wird aus Lagreintrauben vinifiziert und ist der ideale Begleiter zu Schokodesserts.

DAS ANGEBOT AUF EINEN BLICK | Sauvignon „Karneid", Kerner „Karneid", Vernatsch „Karneid", St. Magdalener Classico, St. Magdalener „Rondell", Lagrein, Lagrein Riserva, „PIPA" Dessertwein.

DIE WEINEMPFEHLUNG | St. Magdalener „Rondell": Nur die besten Parzellen mit den ältesten Reben werden für diesen besonderen Magdalener verwendet. Sehr voll und geschmeidig mit belebender Säure und feinem Gerbstoff. Elegant, ein Hauch „burgundisch", besonders im reifen Zustand.

INFOS IN KÜRZE

Glögglhof, Franz Gojer
Rivelaunweg 1, St. Magdalena
39100 Bozen
Tel. 0471 978775
www.gojer.it

Mo.–Fr. 9–12.30 und 13.30–18 Uhr. Nach Anmeldung auch Sa. Kellerführung.

In der Koststube haben maximal 10 Personen Platz.

26 ⁝ Untermoserhof

Der stattliche Untermoserhof aus dem Jahre 1630 war einst ein Gasthaus. Noch heute stehen Urlaubsgästen vier Appartements ganzjährig zur Verfügung. Von der großen Stube genießt man einen weiten Ausblick übers Tal und die Weinhänge. Familie Ramoser lebt in der vierten Generation im Haus. Seit 1968 wird der Wein selbst abgefüllt. Das Schwergewicht liegt – wie sollte es anders sein – auf dem St. Magdalener, der, wie der Lagrein, rund ums Anwesen gepflanzt ist. Außerdem setzt man auf Merlot und Chardonnay. Die Weine von Georg Ramoser sind begehrt; den Großteil verkauft er ab Hof. Seine Stammkunden sind ihm wichtig, und damit diese auch sicher ihren Wein bekommen, knausert er lieber beim Kontingent für den Handel. Längerfristig ist es Ramosers Ziel, auf biologische Anbauweise umzustellen, doch seinen bewährten Sortenspiegel wird er nicht ändern. Da bleibt er sich und seiner Kundschaft treu.

DAS ANGEBOT AUF EINEN BLICK | Chardonnay, St. Magdalener Classico, Lagrein, Lagrein Riserva, Merlot Riserva.

DIE WEINEMPFEHLUNG | St. Magdalener klassisch: sehr sortentypisch, kirschfruchtig, mandeltönig mit viel Fruchtsüße. Sehr weich und geschmeidig durch 7-monatigen Ausbau im großen Holzfass. Stammt zur Gänze aus dem klassischen Anbaugebiet rund um das Gut. Viel Wein für wenig Geld.

INFOS IN KÜRZE

Untermoserhof, Georg Ramoser
Untermagdalena 36
39100 Bozen
Tel. 0471 975481
untermoserhof@rolmail.net

Geöffnet Mo.–Sa. zu den üblichen Geschäftszeiten. Auf Anfrage kommentierte Verkostungen und Führungen.

Gruppen bis maximal 15 Personen.

27 ⋮ Weingut Obermoser

Der Obermoserhof ist ein kantiges Anwesen mitten in den Weingärten von St. Magdalena. Dank der Lauben im Hof ist es selbst im Sommer nicht so heiß. 1890 hat Thomas Rottensteiners Vorfahre den Hof gekauft; seither wurde beinahe ununterbrochen nur Wein produziert. Der Großteil der Lagen befindet sich oberhalb von Rentsch, optimal für den St. Magdalener, der eine bedeutende Rolle im kleinen Sortiment einnimmt. Für den Winzer ist die Art des Ausbaus von großer Bedeutung, so verwendet Thomas ausschließlich große Eichenholzfässer oder Barriques für die Reifung seiner Weine.
Vom Südhang des Ritten, einer sehr heißen Lage, stammt der Lagrein, der als Basiswein und als Riserva auf den Markt kommt. Den jüngsten Zuwachs stellt der Cabernet dar. Er kommt von einer Steillage aus Kaltern. Als einzige weiße Sorte führt das Weingut Obermoser einen Sauvignon Blanc, der aus der Lage Hörtenberg auf einer Höhe von 550 m wächst.
Ein besonderes Anliegen ist für Thomas Rottensteiner eine naturnahe Produktion, auf die er in Zukunft mehr Augenmerk legen möchte.

DAS ANGEBOT AUF EINEN BLICK | Sauvignon Blanc, St. Magdalener Classico, Lagrein, Lagrein Riserva „Grafenleiten", Cabernet „Putz".

DIE WEINEMPFEHLUNG | St. Magdalener Classico: Auf das Verhältnis der unterschiedlichen Vernatschspielarten wird hier besonderes Augenmerk gelegt. In der Nase Ansätze aus Kirsche und Veilchen, im Trunk jugendlich ausgewogen und frisch. Am Abgang leichter Duft nach Mandeln. Ein Trinkgenuss!

INFOS IN KÜRZE

Weingut Obermoser
Thomas Rottensteiner
Untermagdalena 35
39100 Bozen
Tel. 0471 973549
www.obermoser.it

Verkauf und Verkostungsmöglichkeit: Normalerweise ist immer jemand am Hof, telefonische Anmeldung dennoch empfohlen.

28 Ansitz Waldgries

Das Weingut Waldgries im klassischen St.-Magdalener-Anbaugebiet am Fuße des Rittner Berghangs ist ein blühendes Anwesen im wahrsten Sinne des Wortes. Der Ansitz aus dem 13. Jh., in dritter Generation in Familienbesitz, ist bestens gepflegt. Sehenswert ist auch das kleine Weinbaumuseum mit zahlreichen alten Gerätschaften, das auf dem Hofgelände eingerichtet wurde.

Der Großvater von Christian Plattner kaufte den Ansitz Waldgries 1928; er lieferte den Wein noch offen in die Schweiz. Sein Sohn Heinrich begann mit der Flaschenfüllung. Und Christian Plattner selbst straffte das Programm und schuf Neuanlagen. Füllig, rund und konzentriert will er seine Weine. Übrigens: Mit 18 Jahren hat er das erste Mal selbstverantwortlich eingekellert! Ausgepflanzt wird auf drei verschiedenen Lagen: Direkt um den Hof, wo es sehr heiß werden kann, reifen die Trauben früh; sie haben eine gute Struktur und ein kräftiges Tanningerüst. In Auer wachsen die Trauben auf Lehmboden mit Porphyranteilen; sie weisen mehr Gerbstoffe auf und sind etwas salziger. In der Lage Eppan-Berg herrscht

INFOS IN KÜRZE

Ansitz Waldgries
Christian Plattner
St. Justina 2
39100 Bozen
Tel. 0471 323603
www.waldgries.it

Geöffnet Mo.–Fr. 8–12 und 14–18 Uhr, Sa. 8–12 Uhr; nach Anmeldung Kellerführung.

Führungen für Gruppen bis 15 Personen.

Lehmboden mit hohem Kalkanteil vor, der den Trauben viel Säure mitgibt und sie sehr mineralisch werden lässt. Im Sortiment spielt der Lagrein eine wichtige Rolle. Der Jahrgangslagrein wird großteils im Holzfass ausgebaut und mit den Stielen vergoren, um ihm mehr Gerbstoffe mitzugeben. Der Lagrein Riserva liegt für ein Jahr im Barrique und im großen Holzfass, während der Lagrein „Mirell" ausschließlich im Barrique reift. Sehr dicht, mit guten Extrakten, ist der „Mirell" einer der teuersten Lagreinweine in Südtirol. Als Spezialität gilt der Rosenmuskateller, ein Passito aus 80% getrockneten und 20% frischen Trauben.

DAS ANGEBOT AUF EINEN BLICK | Sauvignon Blanc „Myra", Pinot Blanc „Isos", St. Magdalener Classico, St. Magdalener „Antheos", Lagrein, Lagrein Riserva, Lagrein „Mirell", Rosenmuskateller Passito und der Super-Premium-Lagrein „Roblinos de Waldgries".

DIE WEINEMPFEHLUNG | St. Magdalener Classico: Von fruchtig über rauchig bis speckig reicht das Aromen-Spektrum dieses Südtiroler Klassikers. Sehr saftig von feinem Tannin getragen. Es gibt etwa 30.000 Flaschen davon. Sehr gutes Preis-Leistungs-Verhältnis.

WIE KOMMT MAN HIN? | Der Ansitz Waldgries ist der erste Hof auf der rechten Seite an der Straße von Bozen nach Ritten (Abzweigung nach ca. 200 m).

ESSEN & TRINKEN

Der Eggentaler: Mediterran-saisonale Küche, täglich frischer Fisch, spezialisiert auf Steaks internationaler Herkunft. Im 500 Jahre alten Weinkeller lagern über 300 verschiedene Weine von Südtiroler Produzenten und den Weingrößen im In- und Ausland. Die 400 m² große Saunalandschaft steht nicht nur Hotelgästen zur Verfügung. Das Dreisternehaus liegt in Kardaun. Mo. Ruhetag. Tel 0471 365294, www.eggentaler.com.

29 Loacker Schwarhof

Am Schwarhof verwaltet man drei Weingüter – das Ergebnis ist ein facettenreiches Weinangebot. Familie Loacker hat den historischen Hof äußerst liebevoll ausgebaut, was sich an den Details zeigt, etwa dem Degustationspavillon am Logenplatz über Bozen mit Blick auf die Weingärten, der für Weinverkostungen genutzt wird.

Rainer Loacker kaufte den Schwarhof 1979. Er war ein Quereinsteiger und vor allem ein Pionier des biologischen/biodynamischen Weinbaus in Südtirol und darüber hinaus. Doch nicht nur das Gut, auch eine Firma für homöopathische Mittel, die Loacker Remedia, hat Rainer Loacker aufgebaut. Homöopathische Mittel sorgen auch als Pflanzenschutz für die Resistenz der Reben. Zum Weingut Loacker gehören der Schwarhof, der Kohlerhof und ein Gut im Eisacktal in der Gemeinde Barbian. Insgesamt bewirtschaftet die Familie Loacker 7 ha in Südtirol. Hinzu kommen zwei Betriebe in der Toskana, mit ca. 40 ha in Montalcino und in der Maremma. Heute werden die

ESSEN & TRINKEN

Patscheiderhof: Das viel besuchte Gasthaus mit Südtiroler Küche von Knödel über Braten bis Kuchen und eigenem Wein liegt in Signat, an der Grenze des Weinbaugebiets am Rittner Berghang. Ein Buschenschank für den eher gehobenen Anspruch. Jan. sowie Juli geschlossen, Mo. Abend und Di. Ruhetag, Signat 178, Tel. 0471 365267, www.patscheider-hof.com.

Betriebe von Rainer Loackers Söhnen Hayo und Franz Josef geführt. Das Angebot ist differenziert und vielfältig, reinsortige Weine sind ebenso zu finden wie feine Cuvées. Loacker-Weine stehen für Individualität und Charakter, und sie „tanzen gekonnt aus der Reihe!".

DAS ANGEBOT AUF EINEN BLICK | Pinot Grigio „Isargus", Sauvignon Blanc „Tasnim", Chardonnay „Ateyon", Gewürztraminer „Atagis", Südtiroler Vernatsch „Raetinello", St. Magdalener „Morit", Blauburgunder „Norital", Lagrein „Gran Lareyn", Merlot „Ywain", Cabernet-Lagrein „Kastlet"; außerdem Rotweine aus der Toskana wie Brunello di Montalcino und Morellino di Scansano.

DIE WEINEMPFEHLUNG | St. Magdalener „Morit": frisch-fruchtig und leicht würzige Noten nach Kirsche, Himbeere, Erdbeere und Veilchen. Sehr geschmeidig am Gaumen mit gut eingebundener Säure. Ausgebaut wird dieser Wein in großen Eichenholzfässern; jährlich werden davon etwa 10.000 Flaschen produziert.

WIE KOMMT MAN HIN? | Der Schwarhof liegt gut beschildert in St. Justina, einem Weiler an der Straße von Bozen nach Ritten (Abzweigung zum Gut nach 3 km von Bozen kommend links).

INFOS IN KÜRZE

Weingut Loacker Schwarhof
Hayo und Franz Josef Loacker
St. Justina 3
39100 Bozen
Tel. 0471 365125
www.loacker.net

Mo.–Fr. 8–12.30 und 14–17.30 Uhr, Sa. und So. nach Voranmeldung.
Betriebsbesichtigung mit Verkostung nach Anmeldung.
Jeden Donnerstag 15 Uhr Weingutsbegehung, Kellerbesichtigung und Weindegustation, ausschließlich nach Voranmeldung.
Gruppen bis zu 50 Personen können den Betrieb besichtigen.

30 Pfannenstielhof

Vielleicht sind die Anfahrt und die Lage nahe der Brennerbahnlinie beim ersten Mal etwas gewöhnungsbedürftig, doch der Besuch am Pfannenstielhof lässt den ersten Eindruck schnell vergessen. Es ist ein schönes altes Anwesen, ergänzt durch neue Architektur, umgeben von Weingärten, das höchst gastfreundlich von Margareth und Johannes Pfeifer geführt wird, die gerne ihr Wissen über Wein teilen.

Die Sortenvielfalt am Pfannenstielhof ist nicht groß, dafür ist das Gebotene von außerordentlicher Qualität und zum Verdruss der Weinliebhaber auch schnell ausverkauft. Der St. Magdalener zählt sicher zu den besten seiner Art. Ihm zur Seite steht ein Lagrein, einmal in einer feinen Jahrgangsversion, dann als ausdrucksstarke Riserva. Es sind die klassischen Bozner Weine, denen Johannes Pfeifer sehr vielfältige Facetten zu entlocken vermag. Mit großem Enthusiasmus betreibt er den Ausbau seiner Weine, die rund um das Anwesen angelegt sind. Vor dem Haus steht der große Panoramatisch mit Blick auf das gesamte klassische St.-Magdalener-Gebiet. Hier finden bei schönem Wetter die Verkostungen statt. Unterstützung erhält er von seiner Frau, einer ehemaligen Mathematiklehrerin, die sich um Verwaltung und Verkauf kümmert. Mit Freude informiert Frau Pfeifer auf ihrer Webseite in Text und Bild über Vegetationsverlauf und sonstige Neuigkeiten.

DAS ANGEBOT AUF EINEN BLICK | St. Magdalener Classico, Lagrein „vom Boden“, Lagrein Riserva, Blauburgunder.

DIE WEINEMPFEHLUNG | St. Magdalener: ein Klassiker, sehr fruchtig mit Düften nach Kirsche und Pflaume, am Gaumen gehaltvoll

und kräftig. Der erste St. Magdalener, der die begehrte 3-Gläser-Auszeichnung von *Gambero Rosso* erhalten hat (Jahrgang 2009).

WIE KOMMT MAN HIN? | Für die Anfahrt ist die Gewerbezone „Bozner Boden" Mitterweg (auch für das Navigationssystem) am nördlichen Stadtrand von Bozen zu durchqueren. Auf gelben Schildern ist der Pfannenstielhof ausgewiesen. Unter der Bahnlinie durch und den Pfannenstielweg entlang bis zum Hof.

ESSEN & TRINKEN

Bistro Reinisch: Kleines Bistro mit Tageskarte und guter Weinauswahl im Innenhof der Firma Reinisch; in der warmen Jahreszeit angenehmer Gastgarten, den man in der Gegend nicht vermuten würde. Sa. und So. Ruhetag. Schlachthofstr. 9, Tel. 0471 324848, www.bistro-reinisch.com.

INFOS IN KÜRZE

Pfannenstielhof
Johannes Pfeifer
Pfannenstielweg 9
39100 Bozen
Tel. 0471 970884 oder
339 1644258
www.pfannenstielhof.it

Nach Voranmeldung sind Gäste für Verkostung und Weinkauf sowie Besichtigung werktags willkommen.
Max. 10 Personen.

31 Erbhof Unterganzner

Wo der Eggentaler Bach in den Eisack mündet, steht der Erbhof Unterganzner. Eine große Wassermauer aus dem Jahre 1779 schützt ihn noch heute vor Überschwemmungen. Obwohl der Hof eine sehr wuchtige Erscheinung ist, strahlt er doch auch eine gewisse Leichtigkeit und Lebenslust aus. Es ist ein Haus, in dem die Generationen miteinander wohnen und Wein anbauen, und zwar schon seit 1629.

Josephus Mayr sieht sich in einer langen Familientradition – aber er präsentiert sich innovativ und experimentierfreudig. Das zeigt sich etwa bei seinem Wein „Lamarein" aus Lagrein. Dafür werden die Beeren zuerst in der Scheune getrocknet, gegen Mitte Dezember – wenn sie hohe Extrakte haben – gerebelt und im Edelstahltank vergoren. Der Wein kommt dann für 18 Monate in Barrique- oder Tonneau-Fässer. 1988 hat er erstmals mit diesem Verfahren Wein produziert. Und das Ergebnis überzeugt! Insgesamt bewirtschaftet Josephus Mayr über 10 ha. Aufgeteilt ist die Rebfläche in vier Lagen, die auf Schwemmland, Porphyr, groben Sanden und stark siliziumhaltigen Böden stehen. Mit der Ernte lässt sich Josephus Mayr Zeit, bis die Trauben den richtigen Reifegrad erreicht

ESSEN & TRINKEN

Ottenkeller: Das neu errichtete Gebäude neben dem Ottenkellerhof in unmittelbarer Nähe der Autobahnausfahrt Bozen Nord wird gern besucht, was der gepflegten Speisenauswahl und dem guten Weinangebot zuzuschreiben ist. Di. Ruhetag. Kuntersweg 21a, Kardaun, Tel. 0471 360128, www.ottenkeller.com.

haben. Die Hauptsorte am Unterganznerhof ist der Lagrein, gezüchtet aus eigenen Klonen. Es folgt der St. Magdalener, den der Winzer manchmal mit etwas Rosenmuskateller versetzt, um für einen feineren Duft zu sorgen.

DAS ANGEBOT AUF EINEN BLICK | Sauvignon Blanc, Chardonnay, St. Magdalener, St. Magdalener Classico, Lagrein Kretzer (in zwei Varianten), Lagrein, Lagrein Riserva, Cabernet Riserva, „Composition Reif“ (Cabernet, Lagrein und Petit Verdot), „Lamarein“. Süßwein Marie Josephine; außerdem saisonal Feigen und Esskastanien im Verkauf.

DIE WEINEMPFEHLUNG | St. Magdalener: sehr fruchtig, leichte Bitternoten im Abgang, feine Tanninstruktur durch kurze Lagerung im großen Holzfass. Ein Klassiker mit gutem Preis-Leistungs-Verhältnis.

WIE KOMMT MAN HIN? | Das Weingut liegt direkt an der SS 12, an der Umfahrungsstraße von Bozen, schräg gegenüber der Abzweigung in den kleinen Ortskern von Kardaun.

INFOS IN KÜRZE

Erbhof Unterganzner
Josephus und Barbara Mayr
Kampiller Weg 15
39053 Kardaun
Tel. 0471 365582
www.mayr-unterganzner.it

Geöffnet Mo.–Fr. 8.30–12.30 und 15.30–19 Uhr, Sa. 8.30–12.30 Uhr, an Sonn- und Feiertagen geschlossen.

Nach Anmeldung Hofbesichtigung und Weinbergführung. Gruppen bis maximal 30 Personen.

32 Pranzegg

Abseits vertrauter Weinrouten ist das Weingut Pranzegg, an einem Steilhang südlich von Bozen gelegen, ein kleines Universum für sich. Martin Gojer ist ein sorgsamer junger Winzer und weiß das Familienerbe wohl zu wahren. Keinen Idealen nacheifern, das ist sein Geheimnis, stattdessen auf das hören, was die Weingärten vorgeben.

Martin Gojer legt besonderes Augenmerk auf die Bodenarbeit, verwendet biodynamische Präparate für die Spritzungen und bringt mit Einsaaten das mikrobielle Leben der Böden auf Vordermann. Die Grundidee im Keller: durch wenig Zutun – Martin Gojer arbeitet ausschließlich mit großen Holzfässern und wenigen Betonbehältern – Weine von besonders individuellem Charakter zu erzeugen. Es entstehen konzentrierte und dennoch leichtfüßige Tropfen, energetisch und doch voller Ruhe. 2009 war sein erster offizieller Jahrgang, seither entwickelt sich das kleine Portfolio in Sachen Qualität unaufhaltsam weiter. Die Weingärten, die Gojer bewirtschaftet, haben es in sich: Alte Steillagen rund ums Haus, bis zu 80-jährige Vernatschanlagen auf Pergl, nur die Weißweinreben sind jünger. Da überwiegen Sauvignon und Chardonnay;

im gehaltvollen gemischten weißen Satz „Caroline" spielen auch Manzoni Bianco und Viognier mit. Selbst der Lagrein hat auf Pranzegg Tradition, in den niederen Lagen tiefgründiger und dank nordwestlicher Ausrichtung kühler. Doch die wahre Herausforderung für Martin Gojer ist der Vernatsch, der ihm ein großes Anliegen ist. Bereits Vater und Onkel haben bis Ende der 1960er-Jahre alte Klone selbst veredelt; der Junior ist beständig auf der Suche nach neuen alten Gärten, deren Potenzial er herauskitzeln will. Deshalb darf man sich bereits auf das freuen, was aus neuen Pachtflächen am Ritten in den nächsten Jahren kommen wird.

DAS ANGEBOT AUF EINEN BLICK | Rosé „Jacob", gemischter weißer Satz „Caroline", Vernatsch „Campill", rote Cuvée „Quirein", Lagrein „Quirein".

DIE WEINEMPFEHLUNG | Der „Campill" ist ein Statement. Bis zu 80 Jahre alte Vernatschreben unterschiedlicher Klone bringen ein ungewohntes Mehr an Charakter und Individualität. Kühl, dicht, elegant und voller Spannung. Definitiv der etwas andere Vernatsch.

WIE KOMMT MAN HIN? | Von Bozen auf der SS 12 Richtung Norden, im Kreisverkehr nach dem Tunnel die erste Ausfahrt auf den kurvenreichen Kampennerweg nehmen. Nach etwa 800 m beim Hinweisschild links die Anfahrt zum Hof nehmen.

ESSEN & TRINKEN

Restaurant Zur Kaiserkron: Das stilvolle Restaurant am Musterplatz serviert nicht nur leichtfüßige, saisonale Gerichte, sondern tut sich gerade auch durch das große Engagement in Sachen Wein hervor. Herrliche Terrasse. So. Ruhetag. Musterplatz 2, Tel. 0471 980214, www.kaiserkron.bz.

INFOS IN KÜRZE

Pranzegg
Martin Gojer
Kampennerweg 8
39100 Bozen
Tel. 0471 977436
www.pranzegg.com

Keine fixen Öffnungszeiten. Telefonische Anmeldung ist deshalb unbedingt ratsam.

Gruppen bis 9 Personen nach Voranmeldung.

33 Thurnhof

Nur wenig abseits der belebten Durchzugsstraßen von Bozen liegt das kleine Weingut Thurnhof. Dort angekommen, fühlt man sich plötzlich wie in einer anderen Welt. Hier richtet sich die Zeit nach dem Reifen des Weins und wer davon kostet, will vermutlich nicht mehr in die Hektik zurück.

Seit über 150 Jahren ist das Gut im Besitz der Familie, doch schon vor 800 Jahren war der Weinhof in Haslach bekannt. Die Weingärten sind großteils hinter dem Hof, am Südabhang des bewaldeten Virglbergs (im Südosten Bozens), angelegt; ein kleiner Teil liegt in Grutzen im Süden von Bozen. Warme und sonnige Lagen geben auch spät reifenden Rotweinsorten genügend Kraft und durch die kräftigen Moränenböden bekommen sie die nötigen Nährstoffe. Angebaut wird vorwiegend Rotwein wie St. Magdalener, Lagrein und Cabernet. Interessant ist der Cabernet „Weinegg", der frühestens etwa drei Jahre nach der Ernte in den Verkauf kommt. Spezialität des Winzers Andreas Berger ist der „Passaurum", eine intensiv fruchtig-süße Trockenbeerenauslese aus Goldmuskateller und Sauvignon Blanc.

DAS ANGEBOT AUF EINEN BLICK | Goldmuskateller, Sauvignon, Goldmuskateller Passito „Passaurum", St. Magdalener, Lagrein „Merlau", Lagrein Riserva, Cabernet Sauvignon „Weinegg".

DIE WEINEMPFEHLUNG | Goldmuskateller: sehr intensiver, aromatischer, körperreicher Wein. Er wird zur Gänze in Stahl ausgebaut, mit ca. 3 g Restzucker, relativ trocken.

WIE KOMMT MAN HIN? | Der Thurnhof befindet sich im Stadtteil Haslach, im Südosten Bozens. Von der Claudia-Augusta-Straße in die St.-Gertraud-Straße, die in den Küepachweg mündet, wo der Thurnhof liegt.

ESSEN & TRINKEN

Restaurant Haselburg: Restaurant in der Burganlage am östlichen Berghang hoch über Haslach. Gut sortierte Weinkarte und verfeinerte regionale Küche mit mediterranen Einsprengseln. Geöffnet 12–14 Uhr und 19–22.30 Uhr, Sonntagabend und Mo. Ruhetag, im Jan. geschlossen. Küepachweg 48, Tel. 0471 402130, www.haselburg.it.

Kohlerhof: Buschenschank am Virglhang mit verglaster Veranda. Traditionelle Südtiroler Kost, hervorragende Eigenbauweine. Die 1,5 km lange, steile Zufahrt beginnt in der Nähe der Loretobrücke bei der Eisenbahnunterführung. Mi. Ruhetag, im Januar geschlossen. Virglweg 10, Tel. 0471 971432, www.kohlerhof-bz.com.

SEHENS- UND WISSENSWERTES

Der Hof „ab dem Turen“ gehörte einst zur Burg Weinegg, die allerdings Meinhard II., Graf von Tirol, völlig zerstörte. Ein stilisiertes Bild der Burg ziert die Weinetiketten des Guts. Als die Vigiliuskapelle, die ehemalige Burgkapelle, restauriert wurde, entdeckte man darin einen Freskenzyklus aus dem 14. Jh. Die Kapelle kann jeweils am Mittwoch Nachmittag besichtigt werden. Infos: Tel. 0471 978676.

INFOS IN KÜRZE

Thurnhof
Andreas Berger
Küepachweg 7
39100 Bozen
Tel. 0471 285446 und 335 6786155
www.thurnhof.com

Es gibt keine fixen Öffnungszeiten, Anmeldung ist erwünscht. So. Ruhetag. Kommentierte Verkostungen für Gruppen und Betriebsbesichtigung für maximal 12 Personen nach Anmeldung.

34 Ebnerhof

Es führt noch nicht sehr lange eine Straße zum Ebnerhof, doch erst sie ermöglichte den intensiveren Weinausbau und natürlich auch, dass Besucher ohne größere Schwierigkeiten zum Hof finden. Vom Ebnerhof in Leitach – am Fuße des Rittner Berghangs – genießt man einen weiten Blick über Bozen bis ins Überetsch.

Der Ebnerhof liegt auf den sonnigen Südhängen des Bozner Talkessels am Beginn des Eisacktals. Die erste Erwähnung stammt aus dem Jahr 1348. Um 1990 unternahm Johannes Plattner die ersten Versuche mit biologisch-organischem Anbau, lieferte seine Weine aber noch an die Genossenschaft. Erst 1996 begann er mit seinem Partner Heinrich Mayr vom Nusserhof, selbst abzufüllen. Nach 9 Jahren Zusammenarbeit machte sich Johannes Plattner dann aber ganz selbstständig und baute einen Keller, der teilweise in den Berg gegraben ist.
Seit der Ernte 2014 ist Sohn Urban alleiniger Verantwortlicher für den Weinbau, der die Hälfte der Betriebsfläche von ca. 6 ha ausmacht. Der Familienbetrieb ist seit 1993 Bioland-zertifiziert und wird derzeit sogar auf biodynamisch umgestellt.
Die Hauptsorte im Weingut ist der Vernatsch mit 40 % der Rebfläche. Für Urban hat diese Rebsorte absolute Priorität, sein St. Magdalener wird daher in Zukunft unter einem neuen Namen firmieren. Dadurch habe er mehr Freiheiten, einen Wein nach seinem Geschmack zu machen, so der Winzer.

DAS ANGEBOT AUF EINEN BLICK | Sauvignon Blanc, Malvasier, St. Magdalener, Blauburgunder, Cuvée „Merleum“ (Lagrein-Merlot).

DIE WEINEMPFEHLUNG | Malvasier: Dieser Wein besticht durch sein helles Rubinrot mit leichtem Ziegelrot, fast wie ein Rosé! Der Wein wird 2 Jahre im 500 l Holzfass ausgebaut und kommt würzig, saftig und mit viel Leichtigkeit daher. Mit lediglich 1.000 abgefüllten Flaschen gilt er als Rarität.

WIE KOMMT MAN HIN? | 200 m südlich der Autobahnausfahrt Bozen-Nord über die Eisackbrücke Richtung Leitach und dann ungefähr 1,5 km der Beschilderung folgen.

ESSEN & TRINKEN

Magdalener Hof: Hotel und angenehmes Restaurant an der Rentscher Straße. Täglich wechselnde Speisekarte mit einfachen bis ambitionierten Gerichten, zuvorkommender Service, große Terrasse. Mo. Ruhetag. Rentscher Str. 48a, Tel. 0471 978267, www.magdalenerhof.it.

INFOS IN KÜRZE

Ebnerhof
Urban Plattner
Unterplatten 21
39053 Kardaun
Tel. 0471 365120 und 333 9955238
www.ebnerhof.it

Hof- und Kellerbesichtigungen nur nach Voranmeldung, Gruppen bis maximal 15 Personen.

35 Kellerei Girlan

In der Kellereigenossenschaft Girlan ist man pfiffigen Ideen gegenüber aufgeschlossen. Für die Etiketten der „Flora"-Linie zeichnete der aus Glurns stammende Künstler Paul Flora eigenwillige Motive, die schnell zum Markenzeichen wurden. Im traditionellen Überetscher Betrieb spürt der Besucher einen erbauend-frischen Wind – und kann sich sehr entspannt dem reichen Sortiment widmen.

Die Girlaner Genossenschaft, gegründet 1923, gliederte als erste Kellerei ihr Sortiment in drei Qualitätslinien: Heute heißen diese „Klassische Linie", „Weingüter-Linie" und „Selektionslinie". Die 200 Mitglieder stammen aus unterschiedlichen Weinbauregionen Südtirols, was eine breite Sortenpalette zur Folge hat. Sie reicht vom hervorragenden Weißburgunder „Plattenriegl" und Sauvignon „Flora", über den schon legendären Vernatsch „Gschleier" bis zum Blauburgunder „Trattmann Riserva". Der Vernatsch „Fass Nr. 9" ist einer der berühmtesten Weine dieser Sorte in Südtirol. Insgesamt ein breites Sortiment mit Tiefgang. Für interne Vergleichsverkostungen werden Weine seit 1961 gelagert. Hinter den traditionellen Mauern und den verzweigten Kellergängen befindet sich ein zeitgemäßer Keller. Innovative Traubenannahmestation, funktioneller Pressraum, neuer Gärkeller – so können Trauben schonend, unter Nutzung der eigenen Schwerkraft und ohne maschinelle Bewegung

INFOS IN KÜRZE

Kellerei Girlan
St.-Martin-Str. 24
39050 Girlan
Tel. 0471 662403
www.girlan.it

Geöffnet Mo.–Fr. 9–12.30 und 14–18.30 Uhr, Sa. 9–12 Uhr.
Es gibt Verkostungsräume für unterschiedlich große Gruppen. Auch im weitläufigen Verkaufsraum und in der Vinothek können die Weine probiert werden.
Gegen Anmeldung sind Kellerführungen von 10 bis zu 40 Personen möglich.

verarbeitet werden. Ein wichtiges Credo des seit 2005 amtierenden Kellermeisters Gerhard Kofler ist das Hervorheben der historischen Rebsorten des Gebietes, welche für ihn Weißburgunder, Sauvignon, Vernatsch und Blauburgunder sind.

DAS ANGEBOT AUF EINEN BLICK | Insgesamt 24 verschiedene Weine in 3 Linien, die klassische Linie, die Weingüter-Linie mit z. B. Weißburgunder „Plattenriegl", Sauvignon „Indra", Vernatsch „Fass Nr. 9", Blauburgunder „Patricia" und die Selektionslinie „Flora" mit Sauvignon „Flora", Cuvée „Flora Bianco Riserva", Vernatsch „Gschleier", Blauburgunder Riserva „Trattmann" und die Süßweine Gewürztraminer „Pasithea Oro" und Rosenmuskateller „Pasithea Rosa".

DIE WEINEMPFEHLUNG | Weißburgunder „Plattenriegl": Sehr sortentypisch, floreal, nach Äpfeln und Birnen duftend, saftig, mineralisch mit viel Spannung – kurz: ein Parade-Weißburgunder.

WIE KOMMT MAN HIN? | Bei St. Michael/Eppan Abzweigung nach Girlan. Im Dorf an der ersten Ampel rechts und dann immer geradeaus, vorbei am Dorfplatz, bis zur Kellerei (an der rechten Straßenseite).

ESSEN & TRINKEN

Restaurant l'Arena: feine internationale Gourmet-Küche im 5-Sterne-Hotel Weinegg in Girlan; angenehmes warmes Ambiente. Kein Ruhetag. Lammweg 22, Tel. 0471 662511, www.weinegg.com.

Winestube: etwa 300 m von der Kellerei Girlan entfernt. Feines legeres Ambiente, gutes Fingerfood. Kleine, aber gut sortierte Weinkarte. Nur abends geöffnet, So. Ruhetag. Jesuheimstr. 17, Tel. 0471 662649, www.winestube.it.

SEHENS- UND WISSENSWERTES

Girlan hat so viele Weinkeller, dass die Rede geht, das Dorf sei unter der Erde größer als darüber. Viele der Keller öffnen zu Martini, am 11. November, ihre Tore. Dann wird bei einem fröhlichen Markttreiben Kirchtag gefeiert, es gibt lokale Spezialitäten und Händler preisen verschiedenartigste Waren feil.
Ein Weinlehrpfad führt am „Hohen Weg" in Gschleier durch die Girlaner Rebenlandschaft. Infos: Tourismusverein Eppan, Tel. 0471 662206, www.eppan.net.

36 Weingut Niedrist

Wenn Ignaz Niedrist nicht im Weingarten oder im Keller arbeitet, werkelt er am Umbau seines Hofes. Wie die Weine soll auch das Umfeld stimmig sein. Von seinem Gut am Rande von Girlan sieht man bis nach Gries und auf den Weinberg Berger Gei. Dort wächst sein Lagrein. Die übrigen Weinlagen schließen unmittelbar an den Hof an. Der Großteil der Weißweine wächst auf Kalksteinböden in Eppan Berg auf einer Meereshöhe von bis zu 600 m.

Das Weingut umfasst eine Rebfläche von rund 9 ha. Der Sortenspiegel beinhaltet mehrere weiße und rote Sorten. Konkret sind das die Weißweine Terlaner Weißburgunder „Berg", Terlaner Sauvignon, Riesling „Berg" und die Cuvée „Mitterberg Weiß" (aus Weißburgunder, Incrocio Manzoni und Petit Manseng). Bei den Rotweinen gibt es einen duftigen Blauburgunder, den fleischigen Lagrein „Berger Gei" aus Gries und den fruchtig eleganten Merlot „Mühlweg" sowie eine kleine Menge Kalterersee. Nach seiner Ausbildung zum Kellermeister in Weinsberg (D) arbeitete Ignaz Niedrist in der Kellereigenossenschaft Schreckbichl. Den ehemaligen Standpunkt, den Wein im Keller zu machen, hat er heute für sich revidiert. Wichtiger ist für ihn die Arbeit im Feld.

Selbst einzukellern begann er 1990. Die Begeisterung, die Ignaz Niedrist für die Arbeit mit Weinen verspürt, zeigt sich auch im Glas – und darum sind seine Weine meist schnell ausverkauft.

DAS ANGEBOT AUF EINEN BLICK | Terlaner Weißburgunder, Terlaner Sauvignon, Riesling, Cuvée „Mitterberg Weiß", Kalterersee, Merlot „Mühlweg", Blauburgunder, Lagrein Gries „Berger Gei".

DIE WEINEMPFEHLUNG | Sauvignon: Grandioser Wein, der je zur Hälfte aus Girlan und Eppan Berg stammt. Von viel Saftig- und Salzigkeit geprägt mit Aromen von Stachelbeere. Er wird zum Teil im Stahltank und im großen Holzfass (30%) ausgebaut. Viel Spannung, viel Südtirol!

WIE KOMMT MAN HIN? | Bei St. Michael/Eppan Abzweigung nach Girlan. An der Kellerei Girlan vorbei, kurz nach dem Jesuheim Abzweigung nach rechts Richtung Rungg; das Weingut liegt nach ca. 500 m auf der linken Seite.

ESSEN & TRINKEN

Restaurant Rungghof: Am Rande des Naturschutzgebiets Montiggler Wald bei Girlan liegt das Hotel Ansitz Rungghof. Heimische Küche mit mediterranen Einsprengseln genießt man am angenehmsten auf der Terrasse. Von Ende Nov. bis Ostern geschlossen, Di. Ruhetag. Runggweg 26, Tel. 0471 665854, www.rungghof.it.

INFOS IN KÜRZE

Weingut Niedrist
Ignaz Niedrist
Runggweg 5
39057 Girlan
Tel. 0471 664494
www.ignazniedrist.com

Für Weinverkostung und -kauf ist eine Anmeldung erforderlich. Keine Kellerführungen.

37 Kellerei Schreckbichl

Die Genossenschaft Schreckbichl ist eine der wichtigsten und größten Kellereien Südtirols. Ihre Weingärten bei Girlan zählen zu den ältesten Rebanlagen Europas, einst gehörten sie zum Gut eines römischen Siedlers und Weinbauern. Vom Gut Curilan, das zum Teil zu Schreckbichl gehört, hat das Dorf Girlan seinen Namen.

Die Kellereigenossenschaft wurde 1960 von 28 Weinbauern gegründet, die sich neue Qualitätsmaßstäbe setzten. Heute hat die Kellerei fast 300 Mitglieder, sie bewirtschaften insgesamt eine Rebfläche von ca. 315 ha. Der Erfolg baut auf moderne Produktionsmethoden und naturnahe Rebbehandlung bei einem weitgehenden Verzicht auf chemische Hilfsmittel. Promoter der Entwicklung von Schreckbichl war der Agronom Luis Raifer, dessen Sohn heute die Geschäftsführung der Kellerei innehat. Die Lagen der Kellerei finden sich in verschiedenen Weinbauzonen mit unterschiedlichen Bodentypen und Mikroklimata. Aus Salurn im Unterland stammen die Weißburgunder, die Ruländer und Chardonnays. Die Rotweine kommen hingegen u. a. aus Siebeneich bei Terlan, aus Gries bei Bozen und aus der unmittelbaren Umgebung der Kellerei. Bei drei Linien enthält die klassische Linie das Standardsegment, aus ausgesuchten Lagen kommt die „Praedium Selection" und die großen Gewächse sind unter dem Namen „Cornell" vereint. Die beiden „Lafóa"-Weine, ein Cabernet Sauvignon und ein Sauvignon Blanc, nehmen als Vorzeigeweine des Guts eine Sonderrolle ein. Neu dazugekommen ist im Jahr 2014 eine Top-Weißweincuvée namens LR, bestehend aus Chardonnay, Weißburgunder, Sauvignon und Gewürztraminer vom Jahrgang 2011.

DAS ANGEBOT AUF EINEN BLICK | Die verschiedenen Linien umfassen 32 Weine, davon 13 in der Classic Linie, 9 Weine in der Praedium-Linie mit z. B. Pinot Grigio „Puiten", Blauburgunder Riserva „St. Daniel" und Merlot Riserva „Siebeneich". Die Cornell-Linie mit z. B. Chardonnay „Formigar" und Cuvée Rot „Cornelius", im Topsegment Sauvignon und Cabernet Sauvignon „Lafóa" und die neue Premium Weißweincuvée LR, auch 4 reinsortige Grappas im Angebot.

DIE WEINEMPFEHLUNG | Pinot Grigio „Puiten": ein Klassiker unter den Südiroler Pinot Grigios, aus höheren Lagen des Bozner Unterlandes. Finessenreich, angenehm fruchtig und dezent würzig, rund und geschmeidig, aber auch mit knackiger Säure am Gaumen. Ausbau im großen Holzfass und im Stahltank.

WIE KOMMT MAN HIN? | Das Gut liegt direkt an der Straße von Frangart bei Bozen nach Girlan.

ESSEN & TRINKEN

Leer erlebt man den Ansitz **Pillhof** (am Kreisverkehr bei Frangart nach Eppan) nur am Ruhetag. Schöne Kombination aus Restaurant, Weinbar, Weinbistro und Vinothek. Blickfang ist ein hohes Glasregal mit begehbarem Weinklimaschrank, wo Spitzenweine aus Südtirol, Italien und der restlichen Weinwelt in Szene gesetzt werden. In der warmen Jahreszeit angenehmer Gastgarten. Sa. abends und So. Ruhetag, Bozner Str. 48, Tel. 0471 633100, www.pillhof.com.

INFOS IN KÜRZE

Kellerei Schreckbichl
Weinstr. 8
39057 Girlan
Tel. 0471 664246
www.schreckbichl.it

Mo.–Fr. 9–12.30 und 14.30–18.30 Uhr, im Sommer durchgehend, Sa. 9–12.30 Uhr. Im Sep. und Okt. auch Sa. nachmittags geöffnet.

38 Hartmann Donà

Wer ein klassisches Weingut sucht, ist bei Hartmann Donà fehl am Platz. Seine Weine findet man im Fachhandel und in der gehobenen Gastronomie. Doch die Grundlage der Donà-Weine, die es seit 2000 gibt, liegt in Girlan, wo sich nun auch der neue Keller befindet.

Bis 2002 war Hartmann Donà Kellermeister der Terlaner Kellerei und ist heute noch als Weinbauberater unterwegs. Als er vor 20 Jahren von seiner Familie einen Weinberg in Girlan übernahm, entstand die Idee, rund um diesen ein kleines Weingut aufzubauen. Allerdings nach eigenen Vorstellungen angelegt: Gemeinsam mit anderen kleinen Weinbauern aus dem ganzen Einzugsgebiet des Südtiroler Weins wollte er individuelle Weine hervorbringen. Es hat freilich eine Zeit lang gedauert, bis er Mitstreiter für diese Idee fand. Er selbst sieht sich als einzigen „ganz freien Weinbauern" – eine starke Aussage, aber sie trifft diese Mischung aus eigener Weinbergerzeugung und Kooperation mit anderen Gleichgesinnten von Naturns bis Kurtatsch ganz gut.

Das langsam gewachsene Sortiment spiegelt auch die Vielfalt an kleinregionalen Gegebenheiten wider: von frischen, fruchtigen Weißweinen über süffige Rote bis hin zu den großen Riserva-Weinen, für die Hartmann Donà schon seit einigen Jahren bekannt ist: Zwei Jahre im Holzfass, zwei in der Flasche, dann erst kommen sie auf den Markt.

Große Weine entfalten sich langsam, so ist der in allen Belangen behutsam arbeitende Winzer überzeugt. Elegant, finessenreich und voller Frische, vom klassischen und doch tiefgründigen Sauvignon Blanc bis zum burgundischen Donà Rouge – diesem erstaunlichen Wein aus der unterschätzten Rebsorte Vernatsch. Großes Reifepotenzial zeichnet die Weine der Donà-Linie aus.

DAS ANGEBOT AUF EINEN BLICK | Klassische Weine: Weißburgunder, Sauvignon Blanc, Chardonnay, Gewürztraminer, Lagrein Riserva. Weine aus ältesten Reben: Donà Blanc, Donà Rouge, Donà Noir.

DIE WEINEMPFEHLUNG | Gewürztraminer in eleganter Interpretation: dezente florale Rosennote und Gewürze, keine dick aufgetragene Üppigkeit, dafür Frische und Trinkfluss. Trockener Abgang, Länge, Finesse. Besonders gut zu gereiftem Speck.

WIE KOMMT MAN HIN? | Von der Weinstraße Richtung Girlan 1,5 km bergauf fahren, dann rechts abbiegen. Der Keller befindet sich am Weingut Josef Niedermayr.

ESSEN & TRINKEN

Girlanerhof: ein schönes 4-Sterne-Hotel mit Restaurant. Große Sonnenterrasse. Feine Südtiroler und italienische Küche mit großer Weinauswahl. Auch für größere Gruppen geeignet. Mitglied der Vinum Hotels Südtirol. Marklhofweg 7, Tel. 0471 662442, www.girlanerhof.it.

INFOS IN KÜRZE

Hartmann Donà
Jesuheimstr. 15/23
39057 Girlan
Tel. 329 2610628
www.hartmanndona.it

Da Hartmann Donà beruflich viel unterwegs ist, ist eine telefonische Anmeldung für die Besichtigung unerlässlich. Kein Verkauf ab Weingut, keine Möglichkeit für Gruppenverkostungen.

39 Kellerei St. Pauls

Die Kellerei am Eingang zum Weindorf St. Pauls ist eine mittelgroße Genossenschaft und hat das Zeug zu einer der besten Kellereien Südtirols. Der Zuspruch von Weinliebhabern und Weinkennern nimmt ständig zu; die Vinothek ist ein beliebter Treffpunkt.

Gegründet wurde die Genossenschaft 1907; sie zählt heute rund 205 Mitglieder, die 185 ha bewirtschaften. Zum Großteil kommen die Trauben aus dem Umland von St. Pauls. Das Motto der Kellerei lautet: „Passion for Quality“. Es wurde viel in neue Technologien investiert, und mit Wolfgang Tratter und Graziano Giuliani sind zwei dynamische Önologen am Werk. Tradition und Innovation ziehen an einem Strang und stehen im Gleichgewicht. Der Keller wurde teilweise umgebaut und nicht nur effizienter für die Arbeit, sondern auch interessanter für Kellerführungen gestaltet. Das legendäre Fass Nr. 1, das Ursprungsfass, das Kaiser Franz Joseph der Kellerei zur Betriebsgründung 1907 geschenkt hat, nimmt einen Ehrenplatz ein. Es fasst 120 Hektoliter und ist nach seiner Sanierung weiterhin in Gebrauch. Zur Genossenschaft gehört auch die Sektkellerei Kössler aus St. Pauls, im Sortiment findet sich der Sekt „Praeclarus Cuvée St. Pauls Brut“ aus 100 % Chardonnay von drei verschiedenen Lagen. Der Sekt wird nach der klassischen Methode hergestellt und lagert 4 Jahre auf der Feinhefe in einem Militärbunker aus dem Zweiten Weltkrieg. Weitere 15 Weine ergänzen das Sortiment.

DAS ANGEBOT AUF EINEN BLICK | Es werden zwei Linien angeboten, nämlich die Linie „St. Pauls“ mit Weißburgunder „Plötzner“, Merlot Rosé, Merlot „Huberfeld“ u. a. und die Linie „Passion“ mit Weißburgunder Riserva, Vernatsch, Lagrein Riserva, Merlot Riserva.

Die Linien bilden den Rahmen für 27 Weine (ohne die oben erwähnten 15 Kössler-Weine), vom Sekt bis zum Süßwein.

DIE WEINEMPFEHLUNG | Weißburgunder „Plötzner": sehr ausgewogener sortentypischer Vertreter dieser Traubensorte. Duft nach Marille, Pfirsich und Birne mit viel Spannung im Gaumen, wird für 5–6 Monate im großen Holzfass ausgebaut, die Trauben stammen aus höheren Lagen unterhalb des Mendelgebirgszuges. Das Steckenpferd der Kellerei mit ausgezeichnetem Preis-Leistungs-Verhältnis.

WIE KOMMT MAN HIN? | Von der Weinstraße von Bozen nach Eppan die Abzweigung nach St. Pauls nehmen; die Kellerei liegt gleich am Dorfeingang.

ESSEN & TRINKEN

Paulserhof: Traditionslokal im Dorfzentrum von St. Pauls, feine Hausmannskost wird im Speisesaal, sehr alten Kellergemäuern oder im lauschigen Gastgarten serviert. Di. Ruhetag. Unterrainerstr. 21, Tel. 0471 662422, www.paulserhof.com.

Vis à Vis: Vinothek in St. Pauls mit täglich über 30 Weinen zur Verkostung, das Gesamtangebot umfasst ca. 400 Weine, zu einem Glas Wein kalte Brettlgerichte erhältlich. Geöffnet Mo.-Fr. 9–13, 16–19.30 Uhr, Sa. 9–13 Uhr (Sep.–Okt. auch Nachmittag 15–18 Uhr). Unterrainerstr. 21b, Tel. 0471 662919, www.visavis-enothek.com.

INFOS IN KÜRZE

Kellerei St. Pauls
Schloss-Warth-Weg 21
39050 St. Pauls/Eppan
Tel. 0471 662183
www.kellereistpauls.com

Öffnungszeiten: Sommer Mo.–Fr. 9–19 Uhr, Sa. 9–18 Uhr, Winter Mo.–Fr. 9–12.30 und 15–19 Uhr, Sa. 9–12.30 Uhr.

Kellerbesichtigung und Verkostung jeden Dienstag um 15.30 Uhr (März bis August), Anmeldung erforderlich.

40 Klaus Lentsch

Mitten in den Weingärten von St. Pauls hat Klaus Lentsch endlich sein dauerhaftes Domizil gefunden. Der großzügige Neubau der Kellerei hebt sich mit klaren Linien vom üppigen Grün rundum ab. Ein einladender Ort, um die Vielfalt der Weine vom Eisacktal bis ins Überetsch zu erkunden.

Aus Branzoll stammend, pendelte Klaus Lentsch einige Jahre zwischen den heimatlichen Weinbergen im Unterland und seiner erklärten neuen Liebe, dem Eisacktal, hin und her. Hier hat er ab 2008 auf einem alten Hof, der in wenig gutem Zustand war, aber über Lagen mit tollen alten Rebstöcken verfügte, vier Weine „aus dem Boden gestampft", wie er es formuliert. Zu einem neuen Daheim wurde der Hemberghof in Atzwang allerdings nicht. Vor zwei Jahren ergab sich endlich die Möglichkeit, in St. Pauls in wunderschöner Lage mitten in den Weinbergen die Fläche eines geschlossenen Hofes zu erwerben, wo Kellerei und Wohnhaus gebaut wurden. Hier wachsen Goldmuskateller, Weißburgunder und Ruländer, doch – sehr zum Bedauern des Winzers – kein Vernatsch. Die Auseinandersetzung mit den Eisacktaler Reben war sehr spannend für Klaus Lentsch: Er konzentrierte sich auf die Sorten Grüner Veltliner, Gewürztraminer und Blauburgunder. Dabei wurde Letzterer für den Winzer – entgegen der festen Vorstellungen im Kopf – zur größten Überraschung: Er besticht durch eine gut ausreifende Frucht, ist viel würziger als vom Unterland gewohnt, besitzt mehr Mineralität, ist feinfruchtiger und knackiger. Die Steillagen von 80% erfordern ausschließliche Handarbeit – ein Arbeitsstil, der sich nach Meinung des Winzers auszahlt. Diese Sorgfalt lässt Klaus Lentsch auch in St. Pauls walten, wo die Weine runder und harmonischer geraten. Und auch aus Branzoll wird es künftig neben dem Lagrein wieder einen Merlot geben.

DAS ANGEBOT AUF EINEN BLICK | Vier Cru-Weine aus dem Eisacktal, fünf Weißweine aus dem Überetsch in der Selection-Linie „Amperg“ und der Lagrein Riserva „Amperg“ aus Branzoll.

DIE WEINEMPFEHLUNG | Blauburgunder „Bachgart“ aus dem Eisacktal: Feinste würzige Kirschfrucht, straff, hinreißende Filigranität und Eleganz, gut zu trinken. Man schmeckt die Herkunft; Fruchtsüße und Frische in Kombination – ein großes Erlebnis für jeden Tag.

WIE KOMMT MAN HIN? | Von der Pfarrkirche St. Pauls erst über den Justinaweg und dann den Aichweg Richtung Weingärten hochfahren und nach etwa 1 km scharf rechts in den Reinspergweg einbiegen. Das Weingut befindet sich unübersehbar auf der rechten Seite.

ESSEN & TRINKEN

Gasthof Lipp: Der Blick von der Sonnenterrasse über das Etschtal ist einmalig. Dazu noch die ehrliche, traditionelle Südtiroler Hausmannskost – und das Glück ist vollkommen! Apr.–Nov. geöffnet, Mo. Ruhetag. Perdonig 30, Tel. 0471 662517, www.lipp.it.

SEHENS- UND WISSENSWERTES

Ein besonderes Erlebnis im Rahmen der sommerlichen Weinkulturwochen ist die **„Gastliche Tafel“** in St. Pauls: Entlang der historischen Dorfstraße werden Tische aufgestellt, an denen Sternekoch Herbert Hintner ein besonderes Menü serviert. Anmeldung über den Tourismusverein Eppan, Tel. 0471 662206.

INFOS IN KÜRZE

Weingut Klaus Lentsch
Reinspergweg 18a
39057 St. Pauls/Eppan
Tel. 0471 967263
www.klauslentsch.eu

Vinothek Amperg:
Geöffnet von Do.–Fr. 11–14 und 17–21 Uhr, Sa. 9–14 Uhr, Weinverkauf Mo.–Sa. nach Voranmeldung.
Jeden Freitag Kellerführung um 14.30 Uhr, um Voranmeldung wird gebeten.
Individuelles Programm sowie geführte Weinverkostungen, Familienfeiern und Seminare auf Anfrage.

41 Weingut Abraham

Erst seit wenigen Jahren auf dem Markt und doch schon fest verankert in der neuen Südtiroler Weinlandschaft: Die Weine mit dem markanten Wiedehopf auf dem Etikett haben einen bemerkenswerten Aufstieg hinter sich.

Martin Abraham, auf einem kleinen Familienweingut mitten in den Weingärten über Eppan aufgewachsen, füllt erst seit 2011 selbst in Flaschen, die Weine sind aber bereits in den renommiertesten Restaurants des Landes gelistet. Es war die Leidenschaft für den Wein, die den gelernten Maschinenbauer nicht mehr losließ und ihn zurück zum Weinbau führte – zum eigenen allerdings. Der familiäre Betrieb war seit jeher Mitglied der Genossenschaft St. Pauls, doch getrieben vom Wunsch nach Selbstbestimmung wagte der „Jungwinzer" gemeinsam mit seiner Frau Marlies das Abenteuer, aus dem Hof etwas zu machen – ganz ohne Unterstützung, aber mit der sehr klaren Vorstellung, Individualität und Lagencharakteristik in den Weinen zum Ausdruck zu bringen. Die Weinberge mit ihrer faszinierenden Bodenvielfalt liegen sowohl auf der Eppaner (Kalk) als auch der Girlaner (Porphyr und Schiefer) Seite, das von Burgundersorten in weiß und rot bestimmte Sortiment hat Familientradition.

Sorgsame Arbeit in den alten, von Vater und Großvater bewahrten Weingärten sorgt für ideale Traubenqualität; Herbizide hat es ohnehin nie gegeben. Der Keller wurde unter dem Wohnhaus ausgebaut, funktionell und doch voller Atmosphäre. Beschleunigung erfährt keiner der Weine, das wenige Zutun ohne Schönungsmittel zielt darauf ab, die Weine lagerfähig zu machen. Die bewusste Langsamkeit lohnt sich: Abraham-Weine sind elegant und balanciert, unkompliziert und doch voller Tiefe.

DAS ANGEBOT AUF EINEN BLICK | „Upupa weiß" (Gemischter Satz), Weißburgunder, Gewürztraminer, „Upupa rot" (Vernatsch), Blauburgunder.

DIE WEINEMPFEHLUNG | „Upupa rot": ein Vernatsch der eher ungewöhnlichen Art, leicht und doch tiefgründig. Die kleinen Trauben wurden so lang wie möglich an den Rebstöcken hängen gelassen und per Spontanvergärung im großen Holzgärständer vinifiziert. Saftige Frucht, frisch, markant und spannend, mit jenem Quantum an Gerbstoff, das enorm anregend wirkt. Der Wein hat Potenzial!

WIE KOMMT MAN HIN? | In Eppan Dorf Richtung St. Pauls fahren und der Maderneidstraße scharf links bergauf folgen. Das Weingut liegt rechts.

ESSEN & TRINKEN

Gasthof Buchwald: Am Fuße des Gantkofels am Eppaner Höhenweg gelegen, ist der von Familie Pichler geführte Gasthof mit herrlicher Sonnenterrasse ein wahrlich lohnendes Ziel für Genuss mit traditioneller Küche und feinen Weinen. Apr.–Okt. geöffnet, Ruhetage So.–Mi. Tel. 0471 664306, Buchwaldweg 3, www.gasthaus-buchwald.it.

INFOS IN KÜRZE

Weingut Abraham
Marlies und Martin Abraham
Maderneid 29
39057 Eppan
Tel. 349 4650714
www.weingutabraham.it

Keine fixen Öffnungszeiten. Besuch und Verkostungen gerne auf Voranmeldung.

Gruppenverkostungen bis max. 15 Personen möglich.

42 Hof Gandberg

Das Weingut, gleich neben dem Stroblhof an einem abgeschiedenen Flecken von Eppan gelegen, ist bereits seit Jahrzehnten ein Vorreiter in Sachen Bioanbau und nun ein kleines Nachhaltigkeitsuniversum.

Für Thomas Niedermayr ist Bio selbstverständlicher Standard, damit ist er aufgewachsen. „Ich muss nicht mehr über etwas anderes nachdenken", gibt sich der junge Winzer, der das Weingut 2012 übernommen hat und seit 2013 mit den eigenen neuen Etiketten auf dem Markt ist, überzeugt. Als die ursprüngliche Idee des Vaters, für die Kellerei St. Michael/Eppan auch Biowein zu produzieren, nicht aufging, machte dieser sich bereits Ende der 1980er-Jahre daran, seine Weine selbst abzufüllen. 1993 entstand der erste eigene Jahrgang, einem Schritt folgte der nächste. Er führte die pilzwiderstandsfähigen Rebsorten, die Piwis, ein und initiierte so ein zukunftsträchtiges Modell für sein Weingut. Auch Sohn Thomas setzt auf die Rebsorten mit den seltsamen Namen. Denn sie machen die Arbeit draußen in den Weingärten leichter: Seit Jahren muss er kaum spritzen und kommt ohne Kupfer aus, obwohl er die Begrünung sehr hoch wachsen lässt. Sein Ziel ist die Zulassung und die beständige Erweiterung der Piwi-Rebflächen im Überetsch. Besonders die Rebsorte „Souvignier gris", die sich auch für den Fassausbau eignet, hat es ihm angetan. Auf den Etiketten bleibt alles sehr klar, die Zahl ist das Pflanzjahr der Rebstöcke, das Muster ist dem Charakter des jeweiligen Weines nachempfunden.
Auf den Kalklagen unterhalb des Gandbergs, der dem Hof den Namen gibt, wächst auch Weißburgunder, allerdings in keine strenge Erziehungsform gezwungen, sondern sich in alle Richtungen frei ausbreitend. Auch im Keller dürfen die Weine ihrem eigenen Rhythmus folgen, es gibt keine Standardvinifizierung. Spontanvergärung,

Füllung frühestens im Juni und minimale, späte Schwefelzugabe lassen Weine von sehr individuellem Zuschnitt entstehen.

DAS ANGEBOT AUF EINEN BLICK | T.N.76 Weißburgunder, T.N.04 Bronner, T.N.99 Sonnrain, T.N.06 Souvignier gris, T.N.06 Abendrot (maischevergorener Souvignier gris), Beerl (Piwi-Rotwein-Cuvée).

DIE WEINEMPFEHLUNG | T.N.04 Bronner: Die erste zugelassene Piwi-Rebsorte ist ein wohliger Wein mit Bergwiesenduft und Kräuternoten, vielschichtig, mit versteckter Frische. Die Säure und der zarte Restzucker stehen in perfekter Balance.

WIE KOMMT MAN HIN? | Von Bozen kommend, auf der Weinstraße nach St. Michael Richtung Pigeno rechts abbiegen und der Beschilderung „Bioweingut Thomas Niedermayr" etwa 2 km folgen. Kurz nach dem Stroblhof links abbiegen. Der Hof liegt inmitten der Weingärten.

ESSEN & TRINKEN

Restaurant Pizzeria Meraner: familiäre Atmosphäre und Südtiroler Küche im Gartenrestaurant mitten in Eppan, außerdem die beste Pizza weit und breit. Kompetente Weinauswahl. Mo. Ruhetag. Bergweg 19, Tel. 0471 664033, www.meraner.it.

INFOS IN KÜRZE

Hof Gandberg
Thomas Niedermayr
Schulthauserweg 1
39057 Eppan an der Weinstr.
Tel. 0471 664152
www.thomas-niedermayr.com

Aufgrund des kleinen Hofladens im Haus, wo auch andere Produkte des Familienbetriebs verkauft werden, ist zwar immer jemand da, dennoch empfiehlt sich die vorherige telefonische Anmeldung. Es werden Gruppen bis 15 Personen nach vorheriger Anmeldung zu Hofführung und Verkostung empfangen.

43 Kellerei St. Michael/Eppan

Nicht nur was das Renommee betrifft, auch flächenmäßig nimmt die Kellereigenossenschaft St. Michael in Eppan eine herausragende Position ein. Schon von der Straße her ist der Jugendstilbau zu sehen, der harmonisch durch einen großzügigen Neubau erweitert wurde. Spektakulär sind die Weine, die den Namen der Kellerei weit über Südtirol hinaus getragen haben.

1907 wurde die Kellereigenossenschaft gegründet und das Stammhaus erbaut. Heute bewirtschaften 340 Mitglieder rund 380 ha. Als Besonderheit für Südtirol besteht das Sortiment zu zwei Dritteln aus Weißweinsorten. Kellermeister Hans Terzer steuert seit 1977 höchst erfolgreich die Geschicke der Genossenschaft; er hat schon früh die Möglichkeiten des Weißweins für die Gegend erkannt. Er, Obmann der Südtiroler Kellermeister, wurde anfangs als Revolutionär angesehen, heute gilt er als einer der besten Önologen Italiens. Der Weißburgunder „Schulthauser" aus der Lage Eppan-Berg ist einer seiner genialen Würfe – ein Klassiker unter den Südtiroler Weißweinen und einer der wichtigsten Weine im Sortiment. Die Weine der Spitzenlinie „Sanct Valentin" werden – mit Ausnahme des viel prämierten Sauvignon Blanc (17 Mal in Folge Drei-Gläser-Prämierung im *Gambero Rosso*) und eines hervorragenden Gewürztrami-

ESSEN & TRINKEN

Restaurant Zur Rose: Sternekoch Herbert Hintner bietet im Ortskern von St. Michael sehr gehobene Küche und gediegene Trinkkultur! International bestückte Weinkarte, die von Sommelière Margot Hintner kompetent betreut wird. So. und Mo. mittags Ruhetag. Josef-Innerhofer-Str. 2, Tel. 0471 662249, www.zur-rose.com.

ners – im Barrique ausgebaut. Die Rotweine – wie etwa der Lagrein, dessen Trauben zum Großteil aus Bozen Gries und Umgebung stammen oder auch der Blauburgunder, dessen Trauben zum Großteil aus Eppan Berg stammen – stehen dabei aber keinesfalls hinter den Weißweinen zurück. Aus vollreifen Trauben von alten Rebstöcken hat sich Hans Terzer seinen Lebenstraum erfüllt: Appius 2010 kam auf den Markt, eine Weißwein-Cuvée im Super-Premiumsegment.

DAS ANGEBOT AUF EINEN BLICK | 32 verschiedene Weine in drei Linien. Die klassische Linie besteht aus den typischen Sorten in Südtirol, die Selektionslinie aus Weinen wie dem Weißburgunder „Schulthauser", dem Riesling „Montiggl" oder dem Vernatsch „Pagis" und an der Spitze steht die „Sanct-Valentin"-Linie mit Weißburgunder, Chardonnay, Sauvignon, Pinot Grigio, Gewürztraminer, Blauburgunder, Lagrein, Merlot, Cabernet und der Passito Comtess.

DIE WEINEMPFEHLUNG | Weißburgunder „Schulthauser": Ein Klassiker der Südtiroler Weißweinszene, sortentypischer Duft nach Apfel und Birne, geschmeidig mit lebhafter Säure. Ausbau 75 % im Stahltank, der Rest im großen Holzfass, die Trauben stammen aus den Lagen um Eppan Berg. Rund 250.000 Flaschen werden davon produziert.

WIE KOMMT MAN HIN? | Die Kellerei liegt an der Umfahrungsstraße von Eppan, vor der Unterführung Richtung Kaltern nach St. Michael ausfahren, am ersten Kreisverkehr geradeaus weiter zum nächsten Kreisverkehr, unmittelbar an diesem liegt die Kellerei.

INFOS IN KÜRZE

Kellerei St. Michael/Eppan
Umfahrungsstr. 17/19
39057 Eppan
Tel. 0471 664466
www.stmichael.it

Vinothek: Im Sommer geöffnet Mo.–Sa. 9–18.30, So. 9–17 Uhr, im Winter Mo.–Sa. 9–13. und 14–18.30 Uhr, So. 9–13 Uhr.

Nach Anmeldung Führungen für maximal 15 Personen (nicht im Herbst zur Weinlese).

44 Kellerei Brigl

Der Betrieb gehört zu den großen Produzenten des Landes, mit einem breiten Sortenspektrum, das alle Qualitäten (zu moderaten Preisen) abdeckt. Schwergewicht ist der Vernatsch in seinen verschiedenen Spielarten.

Brigl gehört zu den ältesten Betrieben Südtirols. Seit 1309 wird Wein produziert; Geschäftsführer Josef Brigl führt die Kellerei in der 31. Generation. Rund 50 ha sind im Eigenbesitz und durch Zukauf wird der Ertrag von weiteren 50 ha verarbeitet. Die eigenen Trauben stammen von den Weinhöfen Windegg, Haselhof, Kaltenburg, Rielerhof und Ihlderhof. Produziert wird im Turm des neuen Kellergebäudes nach vertikalem Prinzip, was bei einer Betriebsbesichtigung anschaulich wird. Auf der obersten Etage werden die Trauben angeliefert, darunter vinifiziert und auf der dritten Ebene ausgebaut, und dies vorwiegend reinsortig in drei Linien. Es gilt das Motto: Nicht Wein für jeden, doch für jeden den passenden Wein. Ein Klassiker etwa ist der Blauburgunder „Kreuzbichler". Unter dem

INFOS IN KÜRZE

Kellerei Brigl
Josef Brigl
Maria-Rast-Weg 3
39057 St. Michael/Eppan
Tel. 0471 662419
www.brigl.com

Nov.–Mär.: Mo.–Sa. 9.30–12 und 14.30–18 Uhr (Sa. Nachmittag geschlossen), Apr.–Okt.: Mo.–Sa. 8–12 und 14–18 Uhr, Verkostungen und Führungen nach Voranmeldung. Gruppen bis maximal 30 Personen.

Namen „Keil", einer Premiummarke, werden die besten Vernatschselektionen des Weinguts abgefüllt.

DAS ANGEBOT AUF EINEN BLICK | Rund 40 verschiedene Weine in drei Linien, der Classic-, Höfe- und Meister-Linie, letztgenannte mit Riesling „Kreuzbichler", Blauburgunder Riserva „Kreuzbichler", Chardonnay „Briglhof", Blauburgunder Riserva „Briglhof", Lagrein Riserva „Briglhof".

DIE WEINEMPFEHLUNG | Edelvernatsch „Haselhof": klassischer Vertreter dieser autochthonen Südtiroler Traubensorte; hellfarben, zart-fruchtig mit Noten von Kirsche und Bittermandel. Ausgezeichnetes Preis-Leistungs-Verhältnis.

WIE KOMMT MAN HIN? | Die Kellerei Brigl liegt unweit des Dorfzentrums von St. Michael/Eppan; von der Bahnhofstraße in den Maria-Rast-Weg einbiegen.

ESSEN & TRINKEN

Ansitz Windegg: Das feine Restaurant mit stilvollen Sälen, einer Terrasse mit Prachtblick und einem schönen großen Weinkeller in Kaltern ist Teil des Besitzes der Familie Brigl. Ihre Weine können in der angeschlossenen Vinothek verkostet und gekauft werden. So. Ruhetag. Windegg 3, Tel. 0471 965113, www.windegg.it.

Gasthof Turmbach: Im Sommer isst man im Schatten alter Apfel- und Ahornbäume. Verfeinerte gehobene Küche auf mediterraner und regionaler Grundlage. Do. Ruhetag, Eppan-Berg, Turmbachweg 4, Tel. 0471 662339, www.turmbach.com.

45 Stroblhof

Der Stroblhof in St. Michael/Eppan fällt in die Kategorie Gesamtkunstwerk: ein schönes Hotel mit Naturbadeteich und Wellnessbereich, ein feines Restaurant samt Terrasse mit riesigen Schatten spendenden Glyzinien (gleichermaßen für verträumte wie fröhliche Nachmittage) und nicht zuletzt ein Weingut, das mit hohen Qualitäten aufwarten kann.

Familie Hanni-Nicolussi bewirtschaftet rund 5 ha Rebfläche, die teilweise in unmittelbarer Nähe des Hauses, teilweise in Kaltern liegen. Ausbau und Reife erfahren die Weine in einem eindrucksvollen Keller: kein mächtiges altes Gewölbe, sondern neu und modern und bis ins Detail konsequent durchkonzipiert. Lehmwände und Lehmplatten sorgen hinter den Barriquefässern für ein natürliches Raumklima. Der Verkostungsraum steht dem Keller im eleganten Styling in nichts nach. Einer der bekanntesten Weine des Guts ist wohl der „Strahler", ein Weißburgunder mit einem Zusatz von je 5% Chardonnay und Pinot Grigio. „Strahler" ist eine alte Bezeichnung aus der Gegend für Weißweinverschnitte. Auch der aromatische Sauvignon „Nico", der in Kaltern auf 550 m wächst, unterstreicht die Weißweinkonzeption: Persönliche Weine mit Charakter sind gefragt. Bei den Roten sticht der Blauburgunder in zwei Qualitäten hervor: als Basiswein „Pigeno" und als Riserva – beide zählen zum Besten, was in Südtirol aus dieser Sorte produziert wird.

DAS ANGEBOT AUF EINEN BLICK | Weißburgunder „Strahler", Sauvignon „Nico", Chardonnay „Schwarzhaus", Blauburgunder „Pigeno" und „Blauburgunder Riserva".

DIE WEINEMPFEHLUNG | Blauburgunder „Pigeno": traditionsreichster Wein am Stroblhof. Feines Bouquet mit Aromen von Weichselkirsche, roten Beeren, Herbstlaub und Gewürzen. Am Gaumen rund, harmonisch, mit angenehmer Fülle. 12 Monate in gebrauchten kleinen Eichenfässern ausgebaut.

WIE KOMMT MAN HIN? | Von der Weinstraße von Bozen nach Kaltern zweigt in Eppan auf der Höhe der Handwerkerzone die Straße Richtung St. Michael nach rechts ab, nach ca. 1 km nach links abbiegen und dann der Beschilderung „Stroblhof" bzw. Hotel-Wegweiser „Pigeno" folgen.

ESSEN & TRINKEN

Stroblhof: Das Vier-Sterne-Hotel und Restaurant bietet in Stuben und auf der Terrasse verfeinerte regionale Küche. Sehr gute Weinkarte mit Schwerpunkt Südtiroler Weine (viele von kleinen Produzenten und selbstverständlich die hauseigenen). Mitglied der Vinum Hotels Südtirol. Von Anfang Nov. bis März geschlossen, Mo. Ruhetag. Pigenoer Weg 25, Tel. 0471 662250, www.stroblhof.it.

INFOS IN KÜRZE

Stroblhof
Fam. Hanni-Nicolussi
Pigenoer Weg 25
39057 Eppan
Tel. 0471 662250
www.stroblhof.it

Bei Hotelbetrieb (1. Apr. bis 6. Nov.) tgl. 8–21 Uhr; im Winter nach Voranmeldung. Weinseminar (Mindestteilnehmerzahl 6 Personen, maximal 20): in der Hauptsaison Mo. um 16 Uhr.

Nach Voranmeldung Kellerführung. Gruppen bis maximal 20 Personen.

46 Erste+Neue Kellerei

Der Gewölbekeller der Ersten+Neuen Kellerei in Kaltern erhielt im Jahr 2000 – zum 100-jährigen Gründungsjubiläum – durch Fresken von Robert Scherer ein höchst sinnenfrohes Gepräge. Die Bilder des Südtiroler Malers stellen einen Reigen der Klugen und Törichten dar. In diesem Keller reifen einige Weine der Selektionslinie „Puntay".

Mit rund 400 Mitgliedern und einer Anbaufläche von 240 ha gehört die Erste+Neue Kellerei zu den mittelgroßen Genossenschaften Südtirols. Die Erste Kellerei wurde 1900 gegründet. Der Zusammenschluss mit der Neuen Kellerei erfolgte 1986. Knapp die Hälfte der angebauten Trauben werden zu Weißweinen verarbeitet, wobei die wichtigsten Sorten Weißburgunder, Sauvignon, Chardonnay und Gewürztraminer sind. Bei den Rotweinen nimmt der Vernatsch einen hohen Stellenwert ein, etwa ein Drittel der Gesamtfläche. Kellermeister Gerhard Sanin, seit 2007 für den Keller verantwortlich, meint, dass die älteren Bestände des Vernatschs unbedingt erhalten werden müssen. Besondere Qualitäten werden unter Lagennamen vermarktet, wie z. B. der Weißburgunder „Prunar" oder der Kalterersee classico superiore „Leuchtenburg", der übrigens als einer der ersten Vernatschweine 2012 die begehrten drei Gläser des *Gambero Rosso* erhielt. Die besten Weine werden unter dem Namen „Puntay" abgefüllt. Als Spezialität gibt es zwei Süßweine, den üppig-konzentrierten „Anthos", eine Cuvée aus Gewürztraminer, Sauvignon und Goldmuskateller, der nach Honig und getrockneten Aprikosen duftet, und den nach Zimt und Rosenblättern duftenden Rosenmuskateller.

DAS ANGEBOT AUF EINEN BLICK | Klassik-Linie mit über 15 verschiedenen Rot- und Weißweinen; Cru-Weine wie z. B. der Sauvignon „Stern“, die Rotwein-Cuvée „Feld“ (Cabernet/Merlot); Top-Linie „Puntay“ mit Sauvignon, Gewürztraminer, Kalterersee, Lagrein und Cabernet. Dessertweine „Anthos“ und Rosenmuskateller.

DIE WEINEMPFEHLUNG | Kalterersee classico superiore „Leuchtenburg“: ein kräftiger Vernatsch mit Noten von Weichselkirsche, angenehm saftig und anhaltend. Einer der besten Vernatschweine Südtirols, von dem es immerhin 80.000 Flaschen gibt. Besonders gutes Preis-Leistungs-Verhältnis.

WIE KOMMT MAN HIN? | Die Kellerei liegt direkt an der Weinstraße bei Kaltern, von Norden (Eppan) kommend vor dem Eingang zum Dorf links.

ESSEN & TRINKEN

Restaurant Hotel Haus am Hang: kreative Küche mit saisonalen und marktfrischen Gerichten. Sonnenterrasse und Garten. Weinkeller mit guter Auswahl, Schwerpunkt Kaltern, somit auch Weinen der Ersten+ Neuen Kellerei. Geöffnet von 12–14 und 18.30–21 Uhr, kein Ruhetag. St. Josef am See 57, Tel. 0471 960086, www.hausamhang.it.

INFOS IN KÜRZE

Erste+Neue Kellerei
Kellereistr. 5–10
39052 Kaltern
Tel. 0471 963122
www.erste-neue.it

Vinothek neben dem Betriebsgebäude Mo.–Fr. 9–12 und 14.30–19 Uhr, Sa. 9–12 Uhr. Führungen Mi. um 17 Uhr und Fr. um 10 Uhr. (Ein Umbau der Verkostungsräume und der Vinothek ist geplant.)

Weinseminar: Di. abends alle zwei Wochen. Anmeldung erforderlich (alternierend mit der Kellerei Kaltern), Tel. 0471 965410. Führungen bis maximal 40 Personen; Weinseminare bis maximal 15 Personen.

47 Kellerei Kaltern

Das moderne und einladende „winecenter" hat sich zu einem Wahrzeichen von Kaltern entwickelt. Hier können an 365 Tagen im Jahr die Weine der Kellerei Kaltern verkostet und erworben werden. Zusätzlich werden Südtiroler Sekt, Spirituosen sowie regionale kulinarische Spezialitäten angeboten.

Die Kellerei Kaltern ist einer der größten Qualitätsbetriebe Südtirols, der sich besonders die Erhaltung und Pflege der autochthonen Sorte Vernatsch auf die Fahnen geschrieben hat. Der Anteil dieser traditionellen Sorte an der Gesamtproduktion ist in den letzten Jahren zwar kontinuierlich gesunken, gleichzeitig wurde die Qualität jedoch deutlich gesteigert. Und noch immer ist der Kalterersee der Wein, mit dem sich die Kalterer Bauern am stärksten identifizieren. Aber auch mit den Weißweinen aus den höher gelegenen Weinbergen oberhalb des Dorfes Kaltern macht die Kellerei von sich reden, allen voran mit jenen aus Weißburgundertrauben, die am Fuße der Mendel besonders gut gedeihen. Weitere Aushängeschilder der Kellerei Kaltern sind der Cabernet Sauvignon Riserva „Pfarrhof", der von einem direkt am See gelegenen Weinberg stammt sowie der Strohwein „Serenade". Letzterer ist einer der am meisten ausgezeichneten

INFOS IN KÜRZE

Kellerei Kaltern
Kellereistr. 12
39052 Kaltern
Tel. 0471 963149
www.kellereikaltern.com

winecenter: werktags von 9–19 Uhr, feiertags von 10–18 Uhr geöffnet. Kellerführungen mit Multivisionsshow und Weinprobe. Fachweinproben für kleinere Gruppen auf Anmeldung. winecenter, Bahnhofstr. 7, Tel. 0471 966067, www.winecenter.it. Gruppen bis maximal 50 Personen.

Süßweine Italiens und wird nur in äußerst limitierter Auflage produziert. Eine Besonderheit sind schließlich auch die Weine der Linie Solos, die aus zertifiziert biodynamischer Landwirtschaft stammen.

DAS ANGEBOT AUF EINEN BLICK | 14 Weine in der Klassik-Linie, 13 Weine in der Selektionslinie mit Weißburgunder „Vial", Pinot Grigio „Söll", Blauburgunder „Saltner", Cabernet Sauvignon „Campaner" u.a. und 10 Weine in der Cru-Linie mit Kalterersee, Blauburgunder und Cabernet „Pfarrhof", Sauvignon und Chardonnay „Giovanelli", Biodynamische Weißweine, Gewürztraminer, Vernatsch, Lagrein „Solos" und Passito „Serenade".

DIE WEINEMPFEHLUNG | Weißburgunder „Vial": Der Weinberg auf 550 m Höhe befindet sich am Fuße des Mendelgebirges. Sortentypische Noten von Birne und Golden Delicious, saftig, mineralisch mit eingebundener Säure. Ausbau im Stahltank und ein kleiner Teil im Holzfass. Einer der besten Weißburgunder des Landes.

WIE KOMMT MAN HIN? | Die Kellerei liegt an der Weinstraße, von Norden (Eppan) kommend vor dem Eingang zum Dorf Kaltern links.

SEHENS- UND WISSENSWERTES

Im Südtiroler Weinmuseum in Kaltern sind neben Fässern und Werkzeugen für die Arbeit mit dem Wein auch skurrile Dinge zu sehen, vom „Saufteufel" über eine Etikettensammlung bis zur Darstellung von „Christus in der Kelter". Das Museum ist im historischen Gewölbe eines Zehentkellers (Goldgasse 1) untergebracht, geöffnet von 29. März–11. Nov. Di. bis Sa. 10–17 Uhr, So. und Feiertage 10–12 Uhr, am 1. Nov. geschlossen. Tel. 0471 963168, www.weinmuseum.it.

In der Goldgasse Nr. 7 in Kaltern befindet sich die Vinothek Battisti mit umfangreichem Sortiment an Weinen aus Südtirol, dem Piemont, der Toskana und dem Friaul sowie Grappas, Olivenöle, Balsamico-Essig, Alpenhonig und Nudelspezialitäten. Tel. 0471 963299

ESSEN & TRINKEN

Landgasthof Seeperle: In unmittelbarer Nähe des Kalterer Sees gelegen. Großer Schankraum und Restaurant. Bodenständige, dezent verfeinerte Küche und gute – auch internationale – Weinauswahl. Mitglied der Vinum Hotels Südtirol. März–Dez. geöffnet, Mo. Ruhetag, St. Josef am See 28, Tel. 0471 960158, www.seeperle.com.

48 Klosterhof

Oskar Andergassen ist ein leidenschaftlicher Weinmacher und mit Leib und Seele Burgunderliebhaber. Sein Klosterhof liegt an einer schmalen Straße mitten in den Weingärten von Kaltern. Seit 2010 arbeitet Sohn Hannes im Familienbetrieb mit.

Beim Verkosten am großen Tisch im Weinkeller erzählt Oskar Andergassen von seinen Erfahrungen als Winzer. Zusammen mit seinem Sohn bewirtschaftet er heute ca. 4 ha Weinberge, die Produktion beträgt in etwa 30.000 Flaschen. Teils liegen die Weingärten in unmittelbarer Nähe des Anwesens, teils (etwa für den Kalterersee „Plantaditsch") links der Weinstraße zwischen Kaltern und Kalterer See in bester Lage und bestockt mit alten Reben. Die Förderung der Tiefwurzelung der Rebstöcke, der Verzicht auf Herbizide und die teilweise Spontangärung der Weine gehören zu den ökologischen Maßnahmen, die für den Winzer Priorität haben. Neben Vernatsch baut er Weißburgunder, Goldmuskateller sowie Blauburgunder und Merlot an. Gerne experimentiert Andergassen mit der Lagerfähigkeit der Weine und steckt sie dafür auch in Magnumflaschen. Der Merlot liegt 12 Monate, die Blauburgunder Riserva gar 18 Monate in kleinen Eichenfässern. Beim Blauburgunder setzen Vater und Sohn auf niedrige Erträge d. h. auf max. 1 kg pro Stock (ca. 60 dt pro ha) mit bis zu drei Lesegängen.

DAS ANGEBOT AUF EINEN BLICK | Weißburgunder „Trifall", Goldmuskateller „Birnbaum", Kalterersee classico superiore „Plantaditsch", Kalterersee classico superiore „Plantaditsch R", Blauburgunder Rosé „Summer", Blauburgunder „Panigl", Blauburgunder Riserva, Merlot Riserva; Fruchtdestillate von Williams-Birne, Marille und Gravensteiner sowie Grappas vom Goldmuskateller und Blauburgunder; manchmal gibt es hervorragende hausgemachte Feigen- und Birnenmostarde zu kaufen.

DIE WEINEMPFEHLUNG | Kalterersee classico superiore „Plantaditsch R": sehr geschmeidig-seidiger Wein mit Noten von Kirsche und leichtem Mandelton. Durchschnittsalter der Reben ist 80 Jahre, wobei alle Vernatschspielarten vorkommen. Ausbau im großen Holzfass, es gibt davon jährlich ca. 1.300 Fl.

WIE KOMMT MAN HIN? | Beim Kreisverkehr an der Weinstraße in Kaltern-Dorf in die Maria-Theresien-Straße, dann die erste Abzweigung rechts nach Klavenz. Bei einem kleinen Platz zweigt rechts eine kleine Anliegerstraße ab. Die führt nach hundert Metern direkt zum Klosterhof.

ESSEN & TRINKEN

Siegi's: Im Restaurant in Oberplanitzing sind die Wände mit Weinregalen bestückt, sehr kleine Speisekarte, doch gut aufeinander abgestimmte Gerichte, hervorragende Steaks. Reservierung ist aufgrund des begrenzten Platzes erwünscht. Kleiner Gastgarten. So. Ruhetag. Oberplanitzing 56, Tel. 0471 665721.

SEHENS- UND WISSENSWERTES

Die Südtiroler Weinstraße beginnt in Nals und verläuft bis Salurn an der südlichsten Landesgrenze; auf der anderen Seite der Etsch führt sie bis Pfatten. Die Natur mit ihren Weinbergen, Hügeln, Zypressen und Olivenbäumen, die schmucken Dörfer, die Ansitze und Weinhöfe und die vielen Einkehrmöglichkeiten machen eine Fahrt über die Weinstraße so reizvoll. Ca. 70 km. Infos: Tel. 0471 860659, www.suedtiroler-weinstrasse.it.

INFOS IN KÜRZE

Weingut Klosterhof
Oskar und Hannes Andergassen
Prey-Klavenz 40
39052 Kaltern
Tel. 0471 961046
www.weingut-klosterhof.it

Von Ostern bis Nov. ist ein Besuch nach Anmeldung immer möglich. Di. um 18 Uhr nach Voranmeldung Kellerführungen und Verkostungen. Gruppen bis maximal 20 Personen.

4-Sterne-Garni-Hotel mit Zimmern, Ferienwohnungen mit großem Garten und Schwimmbad, Mitglied der Vinum Hotels Südtirol.

49 ⁝ Peter Sölva & Söhne

Seit 1731 wird bei den Sölvas in Kaltern Wein produziert – das Gut gehört somit zu den ältesten Weinbaubetrieben des Landes. Der Familienbetrieb wird seit Jahrhunderten vom Vater an den Sohn weitergegeben und wird heute in der 14. Generation von Peter Sölva und seinen Söhnen geführt.

Die Vorfahren der Sölvas stammen aus Spanien, daran erinnert der ursprüngliche Familienname „De Silva". Und so nennt sich auch eine der drei Linien des Sortiments, dessen Trauben aus 30 bis 70 Jahre alten Anlagen stammen. Die klassische Linie nennt Sohn Stephan „I Vigneti", die Traditionslinie „Amistar", sie verweist auf das Erbe und die Familiengeschichte. Die Weine der „Amistar"-Linie haben einen Anteil an Spätlese, also Trockenbeeren, die für Extrakt und Fülle in den Weinen sorgt. „Ecken und Kanten" sind bei den Weinen erwünscht: „Ich will keine technischen Weine, sie sollen geradlinig sein", meint Stephan Sölva. Insgesamt wird der Ertrag von 12 ha verarbeitet, davon sind 4 ha eigener Grund, 8 ha Pachtland. Im Betrieb werden auch Destillate hergestellt. Ausgewählte Partien der Trauben- und Obstmaischen werden dabei in der hauseigenen Brennerei in zwei Durchgängen gebrannt.

DAS ANGEBOT AUF EINEN BLICK | „I Vigneti"-Linie mit Gewürztraminer, Vernatsch, Blauburgunder und Lagrein; „De Silva"-Linie mit Weißburgunder, Sauvignon, Lagrein Rosé, Kalterersee, Lagrein; Toplinie „Amistar" mit Cuvée weiß, Cuvée rot und Edizione Rossa. Außerdem diverse Destillate als Grappas und einer Besonderheit, dem „Brandy Amistar".

DIE WEINEMPFEHLUNG | Sauvignon „De Silva“: Dieser sortentypische Sauvignon wächst auf 450–500 Metern in der Lage „Puiten“ in Kaltern. Er hat Noten von grüner Paprika und Stachelbeere, kräftiger Körper von angenehmer Säure getragen.

WIE KOMMT MAN HIN? | Von Norden Richtung Kalterer See fahrend, vorbei am ersten Kreisverkehr in Richtung See. Bei dem nächsten Kreisverkehr Kaltern Süd Richtung Zentrum zum Parkplatz P4, von dort links ab zum Weingut.

ESSEN & TRINKEN

Vinothek Peter Sölva & Söhne: im Ortszentrum von Kaltern. Eigenes Weinangebot. Feine Käse- und Wurstauswahl und sonstige Spezialitäten. Mo.–Sa. 9–13 Uhr, Mo.–Mi. 15–19 Uhr, Do.–Sa. 15–22 Uhr. So. Ruhetag. Goldgasse 33, Tel. 0471 964650.

Restaurant Spuntloch: An das Weingut grenzt das Restaurant in historischen Kellerräumen. Feine Südtiroler Küche und Grillspezialitäten. So. Ruhetag. Goldgasse 35, Tel. 0471 961062, www.spuntloch.it.

SEHENS- UND WISSENSWERTES

Am Lieselehof in Kaltern hat Werner Morandell über 200 Rebsorten aus aller Herren Ländern gepflanzt, die er auf einem Rebenlehrpfad erklärt. Im Gewürzgarten wachsen an die 50 verschiedenen Pflanzen. Di. um 16 Uhr oder nach telefonischer Anmeldung Führung mit anschließender Verkostung der hauseigenen Weine. Kaltern, Kardatscherweg 6, Tel. 0471 965060, www.lieselehof.com.

INFOS IN KÜRZE

Peter Sölva & Söhne
Goldgasse 33
39052 Kaltern
Tel. 0471 964650
www.soelva.com

Mo.–Sa. 9–13 und 14–20 Uhr. Nach Anmeldung Keller- und Brennereiführungen. Angeboten werden auch Weinseminare, eine Einführung in die Verkostungstechniken sowie in die Geschichte des Weinbaus, der Keller- und Brennereitechnik.
Die Weinbar bietet ungefähr 40 Sitzplätze.

50 Castel Sallegg

Der Ansitz, mitsamt Weingut seit Mitte des 19. Jahrhunderts in Familienbesitz, ist mit seinem herrlichen Innenhof eine Oase der Ruhe. Ein stimmungsvoller Ort, um über das Wesen des Kalterer Weines zu sinnieren.

Auf Castel Sallegg findet sich Tradition an allen Ecken und Enden, so auch im Weinsortiment. Den Moscato Rosa etwa, so wie er hier kultiviert wird, hat der Urgroßvater von Georg Graf Kuenburg, Fürst Campofranco, aus Sizilien mitgebracht. Aus diesen Reben wurde über die Jahre stets selbst weiter selektioniert – mehr Familientradition geht nicht!

Die Weinberge rund um Kaltern ermöglichen – höher gelegen, mit Kalk- und Schotterböden – Frische in den Weißweinen und – auf Lehm und Sand an den Ufern des Sees gelegen – perfekte Bedingungen für die Rotweine, die 60 % des Sortiments ausmachen. Ein besonderes Herzensanliegen von Graf Kuenburg ist der Vernatsch. Ihm als Gründungsmitglied der Initiative „wein.kaltern", die die Kalterersee-Charta formuliert hat, ist es wichtig, dieser Rebsorte wieder jenen Stellenwert zu geben, der ihr zukommt. Alte Rebstöcke in Pergelanlagen und Ertragsbeschränkung bringen dann die Kaltererseeauslese hervor, die durch saftig-elegante Würze besticht.

Technisch zeigt sich das Weingut auf einem gutem Stand, auch wenn man sich in den denkmalgeschützen Gewölben nicht wie gewünscht ausbreiten kann. Dafür lagern die Weine, allesamt von eigenen Rebflächen stammend und großartige, elegante Speisenbegleiter, unter perfekten Bedingungen im drei-Stock-tiefen historischen Schlosskeller. Diesen kann man besichtigen, auch besteht die Möglichkeit, eine Wanderung durch die Weinberge entlang des Weinlehrpfades zu unternehmen. In der Vinothek erhält man individuelle Beratung, zu den Kostgläsern wird eine vorzügliche Marende gereicht.

DAS ANGEBOT AUF EINEN BLICK | Je 6 klassische Weiß- und Rotweine in der Linie Selektion, vier rote Riserva-Weine (Pinot Nero, Lagrein, Cabernet, Merlot) und fünf Weine in der Premium-Linie (zwei Cuvées, zwei Lagenweine, Moscato Rosa).

DIE WEINEMPFEHLUNG | Moscato Rosa: autochthone Sorte aus eigener Selektion von traditionellen Pergeln. Ein rarer Dessertwein. Ungemein aromatisch, Geschmack nach Rosen, roten Beeren, Walnüssen; feine Tannine, gute Säure-Süße-Balance. Wunderbar zu frischen Feigen und Prosciutto.

WIE KOMMT MAN HIN? | In der Maria-Theresien-Straße bei der Fußgängerampel erst rechts und gleich die nächste (Richtung Unterwinkel) links abbiegen. Oder über die Kartheiner Straße hinauf nach Mitterdorf; von der Europastraße rechts in die Maria-von-Mörl-Straße, links in die Mendelstraße und gleich wieder rechts nach Unterwinkel. Das Ensemble des Schlosses ist gut sichtbar.

ESSEN & TRINKEN

Seehofkeller: Besonders die absolut idyllische Lage mit Blick über den See lockt in den alten Weinhof aus dem 16. Jh., aber auch das alte Gewölbe ist sehr stimmungsvoll. Mit betont saisonaler, vorwiegend regionaler Küchenlinie und einer vor allem auf heimische Kreszenzen fokussierten Weinkarte ein vorzüglicher Platz am See. Mai–Dez. geöffnet, im Sommer 18–1 Uhr, So. auch mittags, im Herbst 17–1 Uhr. St. Josef am See 60, Tel. 0471 960020, www.seehofkeller.com.

INFOS IN KÜRZE

Castel Sallegg
Georg Graf Kuenburg
Unterwinkel 15
39052 Kaltern
Tel. 0471 963132
www.castelsallegg.it

Vinothek im Schlosshof: Mo.–Fr. 8.30–12.30 und 14–19 Uhr, Sa. 9–12.30 Uhr (Apr.–Okt.), im Juli Sa. nur auf telefonische Voranmeldung. Mo.–Fr. 8.30–12.30, 14–18 Uhr (Nov.–Mär.).

Führungen durch den Weinlehrpfad jeden Mittwoch um 15 Uhr mit anschließender Kellerführung und Weinverkostung (1. Apr.–Ende Okt., ausgenommen Erntezeit). Ab 10 Personen auch individuell vereinbar.

51 Andi Sölva

Er ist ein Garagenwinzer im wahrsten Sinn des Wortes: Andi Sölva hat seinen Weinbereitungskeller in der Garage seines Wohnhauses mitten in Kaltern eingerichtet. Sein „Sea" wurde rasch zum Kultwein.

Im Hauptberuf ist Andi Sölva an der Versuchsanstalt Laimburg in der Sektion Kellerwirtschaft und im Weinlabor tätig. Eigenen Wein macht er erst seit 2007, den Garagenkeller gibt es seit 2010. Von den Eltern, die Traubenlieferanten waren, hat er alte Vernatschanlagen geerbt. Die Stöcke sind 80 bis 100 Jahre alt – ein besonderer Schatz, aus dem auch ein besonderer Wein wird. Der „Sea" war der erste Wein, mit dem der Neowinzer bekannt wurde: mit etwas mehr Gerbstoff als es herkömmlichen Kalterersee-Vorstellungen entspricht und durch die extrem niedrigen Erträge und die sehr späte Lese kraftvoller. Bei den Holzfässern kommt auch eines aus Kalterer Eiche zum Einsatz. Aber wie Andi Sölva selbst sagt: „Ich will Weine machen, die die Menschen beschäftigen, die nicht zu rund sind, sondern anecken." Wo zuvor Obstbäume standen, hat Andi Sölva vor 5 Jahren Weißburgunder ausgepflanzt. Auch daraus entsteht ein individueller Wein mit Ganztraubenpressung, Maischegärung und langem Hefelager. Auf dem Etikett des Weißburgunders „Barleit" steht: „Wir mußten Künstler

ESSEN & TRINKEN

Gasthof „Zum Weißen Rössl": traditionsreiches Haus aus dem 16. Jh. mit gutem regionalem Essen. Bei Familie Ambach findet jeder das seine! Und die Weinauswahl ist natürlich vorbildlich regional fokussiert. Mi. Ruhetag. Marktplatz 11, Tel. 0471 963137, www.weisses-roessl-kaltern.com.

sein" – ein Zitat, das an die Kellermannschaft der Neuen Kellerei in den 1950er-Jahren erinnert. Der restliche Teil der Trauben von den eigenen Weinbergen geht nach wie vor an die Erste+Neue Kellerei. Außerdem gibt es die Kooperation mit Norbert Kofler in Terlan. Unter dem Namen „Viribus Unitis" wird nach einem jährlich wechselnden Thema (und mit einem sich jährlich ändernden Etikett) ein gemeinsamer Wein vinifiziert – etwa aus Terlaner Lagrein und Kalterer Tannat –, limitiert und in der Luxuspreisklasse angesiedelt.

DAS ANGEBOT AUF EINEN BLICK | „Sea" Kaltererseeauslese, Weißburgunder „Wir mußten Künstler sein", Cabernet Franc „Generation K".

DIE WEINEMPFEHLUNG | Cabernet Franc „Generation K": ein neuer Wein im Sölva-Sortiment. Vegetal und doch warm duftend, dunkle Frucht, das Süße der reifen Frucht und das Spröde des Gerbstoffes gelungen vereinend. Kraftvoll.

WIE KOMMT MAN HIN? | Von der Weinstraße rechts in die Kartheinerstraße abbiegen und nach 650 m links in den Barleiterweg. Die „Garage" befindet sich nach 60 m rechts.

INFOS IN KÜRZE

Weingut Andi Sölva
Barleiterweg 24
39052 Kaltern
Tel. 0471 962042
349 3233246
www.andisoelva.com

Die Garage erlaubt keine großen Besuche, aber nach Voranmeldung findet Andi Sölva einen Weg für die Verkostung.

Keine Gruppen aufgrund des beschränkten Platzes.

52 Weingut Niklas

Josef Sölva und sein Sohn Dieter sind in Weinbaubelangen kosmopolitisch. Sie verfügen über eine Altweinsammlung aus aller Welt, die staunen lässt. Davon wird zwar nichts verkauft, doch in ihrem Keller stehen und liegen regalweise Flaschen aus allen Weinbaugebieten.

Josef Sölva ist der Meinung, dass ein Weinmacher am besten von unbekannten Weinen lernt – daher seine Passion für die edlen Tropfen aus aller Welt. Früher war das Weingut Niklas eine gemischte Landwirtschaft, heute konzentrieren sich die Sölvas ausschließlich auf Weinbau auf einer Fläche von ca. 7 ha. 2013 wurde eine Kellererweiterung vorgenommen und bei dieser Gelegenheit auch ein neuer, sehr ansprechender Verkostungsraum errichtet. Ungewöhnlich für die Gegend um Kaltern ist der hohe Weißweinanteil von ca. 70 %. Die Feinfühligkeit beim Weißwein zeigt sich etwa beim Weißburgunder „Klaser", der im großen Holz ausgebaut wird und nach dem Abfüllen noch einige Monate liegen bleibt. Genauso wie im „Mondevinum", dem Paradewein des Weinguts, einer Weißweincuvée aus Weißburgunder, Chardonnay und Sauvignon. Bei den Roten gibt es den Kalterersee, der 10 % der Gesamtproduktion ausmacht, weiters einen Lagrein, einen Merlot und eine rote Cuvée aus Lagrein und Cabernet. Der Merlot wird nur in besonders guten Jahrgängen abgefüllt, dann gibt es jeweils nur an die 1.000 Flaschen. Er wird mit einem Sonderetikett ausgestattet und zur Gänze im neuen Barriquefass ausgebaut.

DAS ANGEBOT AUF EINEN BLICK | Weißburgunder, Sauvignon Blanc, Kerner, Weißburgunder „Klaser", Cuvée „Mondevinum Weiß" („Mondevinum" steht für alle Riserva-Qualitäten), Kalterersee Auslese, Lagrein, Lagrein „Mondevinum", Merlot, Cuvée Lagrein-Cabernet „Klaser"; außerdem verschiedene Wein- und Obstbrände.

DIE WEINEMPFEHLUNG | Weißburgunder Riserva „Klaser“: komplexes Aromabild mit auffallenden Noten von Kräutern. Gut eingebundene Holznoten mit Geschmeidigkeit und Harmonie. 12 Monate im Holzfass gelagert. Hervorragender Essensbegleiter.

WIE KOMMT MAN HIN? | Der Niklaserhof liegt im Ortsteil St. Nikolaus oberhalb von Kaltern-Dorf am Fuße des Mendelkamms; der Beschilderung folgen.

ESSEN & TRINKEN

Kalterer Höhe: Geradlinige Küche in einem gemütlichen Gasthof mit einer ruhigen Terrasse unter Schatten spendenden Reben, an der Straße zum Mendelpass gelegen. Sa. Ruhetag. Kalterer Höhe 12, Tel. 0471 963357.

Bar Zum lustigen Krokodil: Die Bar im Stile der 1950er-Jahre findet man im Dorfkern von Kaltern in einem alten Ansitz in der Goldgasse Nr. 10b. Bistro-Küche, meist gute Weinauswahl. Extravagante Führung. Samstagnachmittag und So. Ruhetag, Tel. 0471 965358.

SEHENS- UND WISSENSWERTES

Am Bärentalerhof in Kaltern werden Kalterersee, Gewürztraminer und Lagrein produziert. Das Besondere aber ist der labyrinthartige Keller, an dem Domenikus Morandell, der Vater des jetzigen Winzers, jahrzehntelang gegraben hat. Gänge wechseln mit Plätzen und liebevoll gestalteten Einbuchtungen, um Platz für die Leihgaben und Präsente von Künstlern zu schaffen. Kellerbesichtigung auf Anfrage. Weingut Dominikus, St. Josef am See 37a, Tel. 0471 960250.

INFOS IN KÜRZE

Weingut Niklas
Josef und Dieter Sölva
Brunnenweg 31a
39052 Kaltern
Tel. 0471 963432 oder 335 5651965
www.niklaserhof.it

Meist ist jemand zu Hause, um Besucher zu empfangen. Anmeldung erwünscht. Auf Anfrage Führung durch Weingärten und Keller möglich.

Gruppen bis maximal 20 Personen nach Anmeldung.
„Urlaub auf dem Weinhof“: Gästen stehen vier Appartements zur Verfügung.

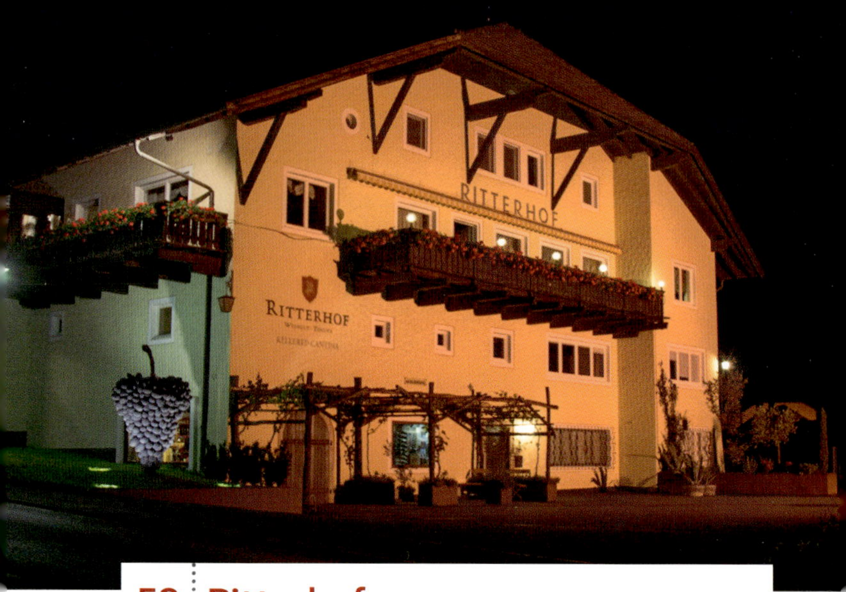

53 Ritterhof

Von der Terrasse des Restaurants im Obergeschoss des Ritterhofs zeigt sich ein bezaubernder Fernblick über die malerische Hügellandschaft der Weinlagen zum Kalterer See. Hier lässt sich gut verweilen und der Küchenkunst zusprechen. Ebenerdig befindet sich die neu gestaltete großzügige Vinothek.

Seit 1999 ist der Ritterhof im Besitz der Familie Roner aus Tramin, die stolz auf ihre Adresse, Weinstraße Nr. 1, ist. Zum Gut gehören 7,5 ha, von weiteren 30 ha werden Trauben zugekauft. Hannes Bernard und Ludwig Kaneppele, der eine Kellermeister, der andere Geschäftsführer und Familienmitglied der Roners, haben den Betrieb auf den neuesten Stand der Technik gebracht. Das Sortiment basiert auf der Linie „Terra", die Bodenständigen, der Selektionslinie „Collis" (Ex-„Crescendo"-Linie) und der Toplinie „Rarus". Einzig die rote Cuvée Perlhofer behält den Namen Crescendo bei: Es ist eine Cuvée aus Vernatsch, Lagrein und Merlot und war der erste Wein dieser Art (mit hohem Vernatschanteil) in Südtirol. Heute gibt es mehrere Winzer, die Weine diesen Stils anbieten.

DAS ANGEBOT AUF EINEN BLICK | Terra-Linie mit den klassischen Weinsorten; Collis-Linie: Weißburgunder „Verus", Gewürztraminer „Auratus", Kalterersee „Novis", Perlhofer „Crescendus", Lagrein „Latus", Blauburgunder „Dignus"; Rarus-Linie: Lagrein „Manus", Gewürztraminer Passito „Sonus".

DIE WEINEMPFEHLUNG | Gewürztraminer „Auratus": duftig, nach Rosenblüten und Nelken, salzig und mineralisch, voll und körperreich mit weichem langanhaltendem Abgang. Gehört zu den besten und prämiertesten Gewürztraminern Südtirols.

WIE KOMMT MAN HIN? | Das Weingut liegt direkt an der Weinstraße Nr. 1, linkerhand nach dem ersten Kreisverkehr vom Norden kommend Richtung Kalterer See nach der Abzweigung Kaltern-Dorf.

ESSEN & TRINKEN

Restaurant Ritterhof: großzügig angelegtes, gemütliches Restaurant (mit Terrasse) im ersten Stock des Weinguts. 110 Sitzplätze. Alpin-mediterrane Küche mit beachtlicher Weinkarte, alle Ritterhof-Weine glasweise im Aufschank. So. Abend und Mo. Ruhetag. Tel. 0471 963330.

INFOS IN KÜRZE

Weingut Ritterhof
Weinstr. 1
39052 Kaltern
Tel. 0471 963298
www.ritterhof.it

Detailverkauf:
Mo.–Fr. 8.30–18 Uhr,
Sa. 9.30–13 Uhr,
im Sept. und Okt.
9.30–17 Uhr.

Führungen und kommentierte Verkostungen nach Voranmeldung möglich, Gruppen bis 30 Personen, jeden Mo. um 10.30 Uhr Kellerführung (mit Anmeldung).

54 Manincor

Das Weingut Manincor ist für Weinliebhaber wie für Architekten und Liebhaber von schönem Ambiente gleichermaßen ein Fixpunkt. Die Gemäuer des Ansitzes aus dem 17. Jh. erfuhren hier eine beispielhafte Verbindung mit einem der modernsten Weinkeller unserer Zeit. Auf den ersten Blick ist die Dimension des Weinguts kaum zu erahnen, denn der größte Teil befindet sich unter der Erde. Das Dach der Kellerei wurde mit einem Weingarten bepflanzt.

„Die funktionelle Architektur ermöglicht eine sehr schonende Verarbeitung und Produktion", erklärt Graf Goëss-Enzenberg, wenn er wieder einmal eine Gruppe durch das Weingut führt. Im Jahr 2004 wurde das Weingut durch den neuen Weinkeller erweitert. Die Arbeit sollte rationell, aber auch sorgfältig und unter besten Bedingungen für die Weinbereitung ablaufen. Dazu war moderne Technologie, welche die natürlichen Kreisläufe unterstützt, nötig. Ab 2005 wurde der Betrieb auf biodynamische Landwirtschaft umgestellt und 2009 schließlich zertifiziert. Rund 50 ha werden bewirtschaftet, die sich zur Gänze im Eigenbesitz befinden. Die Lagen von 220 bis 500 m ermöglichen es, unterschiedliche Reben optimal anzupflanzen. Ein Teil der Weine wird als Cuvée aus mehreren Sorten ausgebaut, nach dem Motto: „Weine müssen Individualität entwickeln". Die drei Topweine des Betriebes, der Sauvignon „Lieben Aich", der Blauburgunder „Mason di Mason" und der Merlot „Castel Campan", werden reinsortig abgefüllt.

DAS ANGEBOT AUF EINEN BLICK | Das Sortiment besteht aus 16 Weinen. Die Basis bilden die Weingutsweine „La Manina", „Réserve della Contessa" (Cuvée weiß), „Réserve del Conte" (Cuvée rot), Kalterersee „Keil", „La Rose de Manincor" (Rosé), „Moscato Giallo". Die weiße Cuvée „Sophie", der Weißburgunder „Eichhorn", der Sauvignon „Tannenberg", der Blauburgunder „Mason", die rote Cuvée „Cassiano" und der Lagrein „Rubatsch" stellen das Herzstück der Produktion dar; die Toplinie „Krone" besteht aus dem Sauvignon „Lieben Aich", dem Blauburgunder „Mason di Mason", dem Merlot „Castel Campan" und dem Süßwein „Le Petit".

DIE WEINEMPFEHLUNG | Réserve della Contessa: Weißburgunder 60 %, Chardonnay 30 %, Sauvignon Blanc 10 %, fruchtig-würzig mit Noten von Apfel und Salbei. Vielschichtig mit viel Schmelz und Salzigkeit. Langanhaltend. Gutes Preis-Leistungs-Verhältnis.

WIE KOMMT MAN HIN? | Das Weingut Manincor liegt direkt an der Südtiroler Weinstraße, ca. 3 km südlich von Kaltern kurz vor dem Kalterer See.

ESSEN & TRINKEN

Panholzerhof: Südlich vom Weingut Manincor liegt in idyllischer Lage ein originelles Haus – der frühere Buschenschank wurde zum geschmackvollen Restaurant mit Weinbar umgestaltet. Regionale saisonale Küche, lebendig und frisch. Beträchtliche Südtiroler Weinauswahl, großer Anteil glasweise. Mi. und Do. Mittag Ruhetag. St. Josef am See 8, Tel. 0471 960259, www.panholzer.com.

INFOS IN KÜRZE

Weingut Manincor
Michael Graf Goëss-Enzenberg
St. Josef am See 4
39052 Kaltern
Tel. 0471 960230
www.manincor.com

Detailverkauf: Mo.–Fr. 9.30–12.30 und 13.30–18 Uhr, Sa. 10–17 Uhr.
Führungen nach Voranmeldung.
Gruppen bis maximal 25 Personen.

55 Elena Walch

Ein Fixpunkt bei einer Weinreise durch Südtirol ist der Besuch im Weingut von Elena Walch. Ein weitläufiges Gut, das von der internationalen Weinpresse mit großer Aufmerksamkeit bedacht wird. Elena Walch ist die bislang einzige Frau in Südtirol, die sich in der Weinwelt eine starke Position erobert und einen guten Namen gemacht hat.

Wer auch nur wenige Betriebe in Südtirol aufzählen kann, den Namen Elena Walch kennt er sicher. Früher arbeitete sie als Architektin, doch durch ihre Heirat war Elena Walch plötzlich von einem Lebensstil umgeben, in dem sich alles um Wein drehte. Sie brachte sich in den familieneigenen Weingütern Castel Ringberg am Kalterer See (das größte zusammenhängende Weingut Südtirols) und Kastelaz, einem steilen Rebberg oberhalb Tramins, mit neuen Ideen ein, um ihre eigene Vorstellung von Weinen umzusetzen. Und dies bedeutet, regionale Weine mit internationalem Flair und internationale Weine mit regionalen Noten zu produzieren. Heute tragen die Töchter Julia und Karoline die Verantwortung im Familienweingut und stellen Lagenweine und nachhaltiges Arbeiten in den Mittelpunkt. Das Weingut arbeitet auf 55 ha, geleitet vom Prinzip der Qualität. Elena Walchs Weine sind im Ergebnis eine Gesamtkomposition. Bestes Beispiel: „Beyond the Clouds“, eine weiße Cuvée aus 85 % Chardonnay und weiteren jährlich variierenden Sorten. Interessant ist auch ein Blick in die Keller, wo teils geschnitzte Fässer mit Motiven aus den unterschiedlichsten Weinregionen und historischen Motiven stehen. Für die roten Riservaweine gibt es seit 2015 einen neuen modernen Gärkeller auf dem Ansitz in Tramin.

DAS ANGEBOT AUF EINEN BLICK | Es werden über 20 Weine in fünf Linien angeboten: Selezione, Favorites mit z. B. Chardonnay „Cardellino“, Single Vineyard Castel Ringberg und Single Vineyard Kastelaz sowie Grande Cuvée mit „Beyond the Clouds“, „Kermesse“ und Gewürztraminer Passito „Cashmere“.

DIE WEINEMPFEHLUNG | Chardonnay „Cardellino“: Im Stahltank und zu 15 % in kleinen Eichenholzfässern ausgebaut, gehört zu den international bekanntesten Südtiroler Weißweinen. Stammt aus dem Familienbesitz Castel Ringberg in der Gemeinde Kaltern. Der Wein ist floreal duftig und hat angenehme Fruchtaromen, feine Säurestruktur. Es gibt davon 30.000 Flaschen, der Wein wird bereits seit 1989 produziert.

WIE KOMMT MAN HIN? | Das Weingut Elena Walch liegt im Ortszentrum von Tramin.

ESSEN & TRINKEN

Gartenbistrot „Le verre capricieux“ im Weingut in Tramin: Das moderne Bistrot mitten im Park des Weinguts bietet kleine, feine kalte Gerichte zu einem erlesenen Glas Wein von Elena Walch an. Täglich geöffnet, Sommer: 11.30–18.30 Uhr, Winter: 10–17.30 Uhr, Tel. 0471 860103.

SEHENS- UND WISSENSWERTES

Eine der bekanntesten Brennereien Südtirols ist die Brennerei Roner. Von Apr.–Okt. wird Mo. um 10 Uhr und Do. um 14.30 Uhr eine Führung mit Kostprobe angeboten. Für größere Gruppen ist eine Anmeldung erforderlich. Das Detailgeschäft befindet sich im Ortskern von Tramin, Zallingerstr. 44, Tel. 0471 864000, www.roner.com. Eine weitere bekannte Schnapsbrennerei in Tramin, die ihre Destillate in ebenso eleganten Flaschen anbietet, ist die Brennerei Psenner. Bahnhofstr. 1, Tel. 0471 860178, www.psenner.com.

INFOS IN KÜRZE

Elena Walch
Andreas-Hofer-Str. 1
39040 Tramin
Tel. 0471 860172
www.elenawalch.com

Vinothek: Im Winter findet der Weinverkauf im Bistrot statt, Ostern–Anfang Nov. in der Vinothek im Weingut. Geöffnet Mo.–Fr. (ab Juli auch Sa.) 9.30–13.30 Uhr und 14–18 Uhr. Führungen nach Voranmeldung.

56 Kellerei Tramin

Die Kellereigenossenschaft Tramin zählt zu den ältesten und erfolgreichsten Genossenschaften in Südtirol und ist verantwortlich für einige der höchstprämierten Weine Italiens. In der großzügig angelegten Vinothek genießt man einen herrlichen Panoramablick auf die umliegenden Weingüter und zum Kalterer See. Hier lassen sich alle Weine sehr unkompliziert verkosten und natürlich auch kaufen.

Pfarrer Christian Schrott hat die Kellerei 1898 gegründet. Sie zählt heute etwa 300 Mitglieder mit ca. 250 ha, der Weißweinanteil liegt dabei bei 65 %. Die Weinberge befinden sich in Hügellagen rund um Tramin, Montan, Neumarkt und Auer. Auf lehmigen, steinigen, sandigen und kalkhaltigen Böden sind die Rebstöcke täglich starken Temperaturschwankungen ausgesetzt – ideal für die Reife und das Aroma der Weine! Kellermeister Willi Stürz kann beim Zusammenstellen seiner Weine aus dem Vollen schöpfen. Der Gewürztraminer, der reinsortig oder als Cuvée „Roen" ausgebaut wird, ist eine der Leitsorten des Betriebs. Er kommt von den mittleren Lagen oberhalb Tramins auf ca. 300–500 m und bringt hervorragende Qualitäten hervor. Die Weine sind in zwei Linien aufgeteilt: die klassischen Weine und die Selektionsweine. Zur Selektion zählen z. B. der Gewürztraminer „Nussbaumer" oder der Lagrein „Urban". Die Cuvées, sehr feinduftige und kräftige Kompositionen, sind in der klassischen

Linie mit einem markanten „T“ auf dem Etikett versehen, in der gehobenen Qualität tragen sie Namen wie „Loam“ (Cabernet Sauvignon, Cabernet Franc, Merlot), „Stoan“ (Chardonnay, Sauvignon, Gewürztraminer u. a.) und die Spätlese „Roen“ (Gewürztraminer, Riesling).

DAS ANGEBOT AUF EINEN BLICK | Klassische Linie mit 20 Weinen, in der Selektionslinie die Reinsortigen wie z.B. Pinot Grigio „Unterebner“, Gewürztraminer „Nussbaumer“, Vernatsch „Freisinger“, Lagrein „Urban“, und den Cuvées, „Stoan“, „Loam“, „Roen“ sowie den Süßen Gewürztraminer Spätlese „Terminum“ und Rosenmuskateller „Volentin“.

DIE WEINEMPFEHLUNG | Cuvée „Stoan“: Chardonnay (ca. 60–70 %), Weißburgunder, Sauvignon, Gewürztraminer. Vielschichtig, floreale Noten und kräuterduftig, Fruchtnoten von Litschi, Zuckermelone und reifem Pfirsich. Am Gaumen salzig, voll und geschmeidig. Komplexer großer Südtiroler Weißwein. Den Namen erhält dieser Wein vom Boden (Stoan = Stein) auf 500–600 Metern oberhalb von Tramin. Ausbau im großen Holzfass.

WIE KOMMT MAN HIN? | Die Kellerei liegt direkt an der Weinstraße gleich am nördlichen Dorfeingang.

ESSEN & TRINKEN

Restaurant Taberna Romani: ein kleines, feines Restaurant im alten stimmungsvollen Ansitz in Tramin. Delikate Küche mit regionalen und saisonalen Produkten. Platz für max. 40 Personen. Viele Weine der Kellerei Tramin in der umfangreichen Weinkarte erhältlich. So. und Mo. Ruhetag (außer an Feiertagen). Andreas-Hofer-Str. 23, Tel 0471 860010, www.ansitzromani.com.

INFOS IN KÜRZE

Kellerei Tramin
Weinstr. 144
39040 Tramin
Tel. 0471 096634
www.cantinatramin.it

Apr.–Okt. Mo.–Fr. 9–19 Uhr; Sa. 9–17 Uhr, Winter Mo.–Fr. 9–18 Uhr; Sa. 9–17 Uhr. Großer Parkplatz vorhanden. Führungen ab Ostern bis Ende Aug. jeweils Di. und Do. um 10 Uhr (Treffpunkt bei der Vinothek der Kellerei). Gruppen bis maximal 50 Personen.

57 Weingut J. Hofstätter

Das Weingut Hofstätter zählt zu den großen familiengeführten Weingütern in Südtirol und wird in vierter Generation von Martin Foradori Hofstätter geleitet. Hier, im Dorfzentrum von Tramin, wird nicht nur Wein produziert und verkauft, sondern hier können Besucher auch Wein erleben. Dafür wurde der Weinberg hinter dem Anwesen in einen Schaugarten für den Gewürztraminer (eine der Leitsorten im Dorf und am Gut) umgewandelt.

Zum Weingut gehören gleich mehrere Höfe, die sowohl auf der linken als auch auf der rechten Talseite des Unterlandes liegen. Insgesamt werden ca. 50 ha Fläche bewirtschaftet. Die Weine tragen die Namen der verschiedenen Höfe, sie heißen „Barthenau", „Kolbenhof", „Steinraffler" und „Cereseto". Bekannt wurde das Weingut durch seine Blauburgunder, an deren Spitze der „Barthenau Vigna San Urbano" steht, der auch außerhalb Südtirols Kultstatus genießt. Vor ca. 150 Jahren wurde im Weingut Barthenau einer der ersten Südtiroler Blauburgunder überhaupt ausgepflanzt! Die übrigen Weine des Guts sind nicht minder interessant, wobei der Gewürztraminer „Vigna Kolbenhof" eine herausragende Rolle einnimmt, gefolgt von anderen wie Weißburgunder „Barthenau Vigna San Michele" oder Lagrein „Vigna Steinraffler".

DAS ANGEBOT AUF EINEN BLICK | Aus 11 verschiedenen Traubensorten werden 20 Weine produziert, darunter gleich drei Blauburgunder, der „Meczan", der Riserva „Mazon" und der „Barthenau Vigna San Urbano"; außerdem gibt es den Sekt „Barthenau Rosé" Metodo Classico sowie eine Gewürztraminer-Spätlese (süß) und zwei Grappas.

DIE WEINEMPFEHLUNG | Blauburgunder Riserva „Mazon“: typische Noten von Beeren und Sauerkirsche, reif und süß, am Gaumen warm-rund und körperreich mit angenehmer Länge. Wird 1 Jahr im Barriquefass, dann 6 Monate im großen Eichenfass gelagert, bevor er noch 1 Jahr in der Flasche reift.

WIE KOMMT MAN HIN? | Das Weingut liegt gleich bei der Pfarrkirche am Rathausplatz von Tramin.

ESSEN & TRINKEN

Hofstätter Garten: Weinbar und Restaurant. Hier werden traditionelle, neu interpretierte Speisen aufgetragen und Weine im historischen Gewölbe in Szene gesetzt. Weinlektüren vorhanden. So. Nachmittag und Mo. Ruhetag. Tel. 0471 090003, www.garten-hofstaetter.com.

SEHENS- UND WISSENSWERTES

Führung durch den historischen Dorfkern von Tramin und die umliegenden Weinberge mit Schwerpunkt Wein- und Obstbau sowie Informationen über Geschichte, Kultur, Brauchtum, Geologie und Baukunst von Tramin. Infos: Jürgen Geier, Tel. 349 6175468.

Am Rathausplatz von Tramin befindet sich das Dorfmuseum. Zu sehen sind alte bäuerliche Geräte vornehmlich für den Weinbau. Daneben entdeckt der Besucher eine Sammlung von Gewürztraminer-Weinen aus aller Welt und Unterlandler Faschingsfiguren, die an ungeraden Jahren beim traditionellen Egetmann-Umzug am Faschingsdienstag aufmarschieren. Geöffnet von der Karwoche bis Allerheiligen, Mi. und Fr. 10–12 Uhr und 16–18 Uhr; Di., Do. und Sa. 10–12 Uhr, Führungen: Mi. um 10 Uhr. Infos: Tel. 0471 860132.

INFOS IN KÜRZE

Weingut J. Hofstätter
Rathausplatz 7
39040 Tramin
Tel. 0471 860161
www.hofstatter.com

Vinothek: ganzjährig
Mo.–Fr. 9.30–13 und 14–17 Uhr,
Sa. 9.30–15 Uhr.
In der Vinothek finden bis zu 30 Personen Platz.

58 Baron Widmann

Im Ortskern von Kurtatsch befindet sich das Anwesen von Baron Widmann und seiner Familie. Hier werden vorzügliche Weine produziert, die nicht groß beworben werden und trotzdem kein Geheimtipp mehr sind. Dafür sorgt die Mundpropaganda; das Ergebnis ist ein bemerkenswerter Ab-Hof-Verkauf. Und wer die Gastfreundlichkeit von Andreas Widmann einmal kennengelernt hat, kommt sicher gerne wieder.

Baron Widmann bewirtschaftet rund 15 ha in guten Lagen um Kurtatsch. Nur einen Teil der Trauben verarbeitet er selbst, setzt dabei aber seine ganz bestimmte Vorstellung von Wein um. Anfangs hatte der Baron nur Rotwein, wie Vernatsch und Cabernet, angepflanzt. Dann kamen weiße Sorten hinzu, wie Sauvignon, Goldmuskateller, Weißburgunder und Gewürztraminer, angepflanzt in den optimalen Lagen und nicht nach der jeweils aktuellen Mode. Das Aushängeschild bei den Weißweinen ist die Cuvée „Weiß" aus Weißburgunder, Chardonnay und der aus dem Südwesten Frankreichs stammenden hochwertigen Traubensorte Petit Manseng. Diese Sorte wurde bereits 1994 angepflanzt und wird in manchen Jahren sogar reinsortig abgefüllt. Bemerkenswert bei den Roten ist die Cuvée, die den Namen „Rot" trägt. In guten Jahrgängen gibt es eine zusätzliche Riserva davon mit dem Namen „Auhof", eine herausragende, sehr hochwertige Südtiroler Cuvée.

DAS ANGEBOT AUF EINEN BLICK | Sauvignon Blanc, Goldmuskateller, Cuvée „Weiß“, Gewürztraminer, Vernatsch, Cuvée „Rot“ und/oder „Auhof“.

DIE WEINEMPFEHLUNG | Cuvée „Rot“: sehr fruchtbetont, mit Noten von Cassis und Waldbeeren. Süßliche Würze, im Gaumen, Geschmack nach Wild und Leder, geschmeidig und anhaltend. Ausbau in kleinen Eichenholzfässern.

WIE KOMMT MAN HIN? | Das historische Anwesen von Baron Widmann befindet sich im Ortszentrum von Kurtatsch.

ESSEN & TRINKEN

Johnson & Dipoli: In jedem Reiseführer als Fixpunkt erwähnt, nicht ganz preiswert. Das kleine Lokal liegt im historischen Ortskern von Neumarkt; große Weinkarte und interessante Kleinigkeiten zum Essen. Im Sommer sitzt man unter den Lauben. Kein Ruhetag, Reservierung erwünscht. Andreas-Hofer-Str. 3, Tel. 0471 820323.

SEHENS- UND WISSENSWERTES

Immer mittwochs wird eine geführte Weinwanderung auf dem Weinlehrpfad veranstaltet, der von Kurtatsch nach Entiklar, Margreid und zurück führt. Weinverkostungen und der Besuch mehrerer Weingüter – wie dem von Baron Widmann oder der Schlosskellerei Tiefenbrunner – sind fixe Programmpunkte. Dauer ca. 3,5 Stunden (die reine Gehzeit beträgt rund 45 Minuten). Anmeldung beim Tourismusverein Südtiroler Unterland, Tel. 0471 880100, www.suedtiroler-unterland.it. Wer mag, kann den durchwegs ausgeschilderten Weg auch alleine, wann immer er will, zurücklegen.

INFOS IN KÜRZE

Weingut Baron Widmann
Andreas Widmann
Endergasse 3
39040 Kurtatsch
Tel. 0471 880092
www.baron-widmann.it

Anmeldung erforderlich; Verkostungen im lauschigen Innenhof oder in der Koststube von Mo.–Sa. 9–12 und 14–18 Uhr.

Kellerführungen werden keine geboten. Gruppen bis maximal 10 Personen.

59 Kellerei Kurtatsch

Das stilvolle Kellereigebäude entstand 1926 und bietet viel Platz für Verkostungen und entspannten Weinkauf. Die Verkostungsbar ist aber auch ein beliebter Treffpunkt für Einheimische. Hier wird bei einem Glas Wein das Wichtigste besprochen – wie sonst am Wirtshaustisch.

Die Kellereigenossenschaft Kurtatsch, immer etwas im Schatten der großen Nachbarn stehend, entstand 1900 aus wenigen Mitgliedsbetrieben und hat sich sukzessive zur heutigen Größe von etwa 180 kleinen Weinbauern entwickelt. Die Besonderheit sind die zugehörigen Weinberge, die allesamt von der Talsohle auf 220 m bis hinauf auf 900 m als geschlossenes Gebiet um Kurtatsch liegen. Die weißen Trauben, eher in den Höhenlagen wachsend, machen etwa 50 % der Produktion aus. Aus dieser Mischung an Böden und Höhen kann der Kellermeister die einzelnen Weine dank der unterschiedlichen Gegebenheiten immer perfekt austarieren. Die 32 Weine im Sortiment werden in zwei Linien vinifiziert. Die Linie „Selection" als erste Selektion der Trauben und die Linie „Terroir". Letztere spiegelt das große Potential der Kurtatscher und ist deren Spitzenlinie. Die Weine tragen vorwiegend die Namen der besten Lagen von Kurtatsch, so auch der Gewürztraminer und der Merlot aus der Lage Brenntal. Großes Thema in Kurtatsch ist der Gewürztraminer, der

ESSEN & TRINKEN

Gasthof Terzer: enorm engagierte Gastronomie mit saisonalen Menüs. Auch als Pizzeria sehr beliebt. Großartige Weinkarte, viele Weine glasweise. Große Terrasse. Mo. Ruhetag. Obergasse 5, Tel. 0471 880219, www.gasthof-terzer.it.

die warmen Lagen des südlichen Unterlandes und die Lehmböden liebt, darauf seine ganze Typizität entwickelt und lange frisch und jung bleibt. Deshalb ist der Gewürztraminer „Brenntal Riserva" auch der Spitzenwein der Genossenschaft.
Bei einer Expedition durch die Weinberge kann man die Gegebenheiten der Kurtatscher Weine selbst erfahren, auch der historische Keller im Ansitz Freienfeld im Dorf, wo die Barriquefässer lagern, kann besichtigt werden. Beim Weinkauf in der Kellerei stehen zwei Sommeliers für die Beratung zur Verfügung, auf einer Tafel gibt es auch immer eine Speisenempfehlung zum Wein des Tages.

DAS ANGEBOT AUF EINEN BLICK | 16 Selection-Weine aus allen typischen Südtiroler Rebsorten (außer den Eisacktalern), 16 Terroir-Weine (7 weiß, 7 rot, 2 Süßweine).

DIE WEINEMPFEHLUNG | Müller-Thurgau „Graun": Die Höhenlage von 800–900 m bekommt der Rebsorte! Herrliche Frische, Lebendigkeit und Mineralität. Straff, schlank, mit zarter Frucht und Struktur.

WIE KOMMT MAN HIN? | Auf der A22 Ausfahrt Neumarkt-Auer-Tramin und etwa 7 Kilometer der Beschilderung Richtung Kurtatsch folgen. Die Kellerei liegt an der Kreuzung Weinstraße/Breitbach.

INFOS IN KÜRZE

Kellerei Kurtatsch
Weinstraße 23
39040 Kurtatsch
Tel. 0471 880115
www.kellerei-kurtatsch.it

Weinverkauf: Mo.–Fr. 8.30–12.30 und 14–18 Uhr, Sa. 9–12.30 und 14.30–17.30 Uhr. Weinexpedition März–Nov. jeweils am dritten Di. im Monat um 9 Uhr (Anmeldung am Vortag). Für Gruppen ab 10 Personen auch Termine nach Vereinbarung.

60 Schlosskellerei Turmhof – Tiefenbrunner

Ein Anwesen aus dem 12. Jh., ein großer schattiger Gastgarten, ein eigenwilliger Schlosspark, üppige Rebhänge. In der Schlosskellerei Turmhof in Entiklar kehren Ausflügler ein, um in der Jausenstation Halt zu machen und besonders Weinliebhaber kommen auf ihre Kosten.

Das weitläufige Weingut zählt zu den führenden Betrieben in Südtirol. Unter der Leitung von Christof Tiefenbrunner wurde der Vernatschanteil reduziert und das Sortiment gestrafft. Es gliedert sich in drei Linien: Klassik, Weingutselektion „Turmhof" und Toplinie „Linticlarus" (die lateinische Bezeichnung für Entiklar). Besonders mit den Weißweinen, wie dem Chardonnay, dem Sauvignon und dem Weißburgunder „Anna" brachte es das Gut zu großem Renommee. Auch die Rotweine, etwa der dunkel-stoffige Lagrein Riserva, stellen mehr als zufrieden. Doch die Besonderheit des Guts ist eine Lage über 1.000 Metern – eine der höchsten im Land: Auf dem kleinen Hochplateau Fennberg, einige hundert Meter oberhalb von Margreid, liegt das Weingut Hofstatt. Hier reift der Müller-Thurgau „Feldmarschall von Fenner" – einer der bekanntesten und begehrtesten Weißweine Italiens. Stefan Rohregger, Geisenheim-Absolvent, ist seit 2007 Kellermeister.

DAS ANGEBOT AUF EINEN BLICK | Klassik-Linie, Weingutselektion „Turmhof" und Toplinie „Linticlarus" mit Chardonnay, Gewürztraminer, Blauburgunder Riserva, Lagrein Riserva, Cuvée (Cabernet-Merlot) und Cabernet Sauvignon. Dazu noch zwei Grappas und ein Sekt.

DIE WEINEMPFEHLUNG | Weißburgunder „Anna": Wird je zur Hälfte im Holzfass und im Stahltank ausgebaut (für 6 Monate), feine

Fruchtnoten nach reifen Äpfeln, sehr rund und geschmeidig mit langem Abgang. Die Trauben stammen von Weinbergen zwischen 200–600 m Meereshöhe. Es werden ca. 15.000 Flaschen produziert.

WIE KOMMT MAN HIN? | Von der Weinstraße von Kurtatsch nach Margreid zweigt 1,5 km nach Kurtatsch die Zufahrt zur Schlosskellerei Turmhof in Entiklar ab.

ESSEN & TRINKEN

Jausenstation Schloss Turmhof: Im romantischen Innenhof oder in einer der Zirbelstuben werden kleine kalte, zum Teil hausgemachte Speisen aufgetischt. Die Weine des Guts können verkostet werden. Geöffnet Ostern–Ende Okt., So. Ruhetag.

Schwarz Adler: historisches Gasthaus im Dorfkern von Kurtatsch. Südtiroler Gerichte, italienische Vorspeisen und Schmackhaftes vom Holzgrill. Weinverkauf (darunter Merlot-Cabernet „Milla" und „Centa" aus eigener Produktion) im alten Keller. Nur im Juli und Aug. Di. Ruhetag. Schweigglplatz 1, Tel. 0471 096405, www.schwarzadler.it.

SEHENS- UND WISSENSWERTES

Selten findet man in Südtirol eine so weitläufige Parkanlage wie im Turmhof. 8.000 m² ist sie groß. Mit einigen Helfern hat einer der Vorbesitzer des Guts, Johann Tiefenthaler, den Park mit Teichen und Inseln, Grotten, Wasserspeiern und verschiedenen allegorischen Figuren angelegt. Auf dem Gelände steht außerdem ein altes Kraftwerk, das früher Kurtatsch und Margreid mit Strom versorgte. Ostern–Ende Okt. geöffnet, So. Ruhetag; Parkführungen (telefonische Anmeldung innerhalb des Vortages! Bei Regenwetter entfällt die Führung).

INFOS IN KÜRZE

Schlosskellerei Turmhof – Tiefenbrunner
Schlossweg 4
39040 Entiklar/Kurtatsch
Tel. 0471 880122
www.tiefenbrunner.com

Im Sommer Mo.–Sa. 8–20 Uhr, im Winter 8–12 und 13.30–18 Uhr (Sa. Nachmittag geschlossen). Weinkellerführungen von Ostern bis 25. Aug.: Di. um 16.30 Uhr; telefonische Anmeldung innerhalb des Vortages. Gruppen bis maximal 50 Personen.

61 Alois Lageder

Alois Lageder ist die Weininstanz in Südtirol. Durch seine Arbeit kam es zum entscheidenden Aufschwung des Südtiroler Weins. Am historischen Ansitz Löwengang wurde 1995 ein Neubau errichtet. Lageders Motto dafür: „Die Natur in die Räume hineinbringen". Den Fokus setzt er dabei auf nachhaltige Bauweise, baubiologische Materialien und erneuerbare Energien – so wurde er auch zum Vorreiter für moderne Architektur in Südtirol. 1991 erwarb er den Ansitz Casòn Hirschprunn im Herzen von Margreid mit über 30 ha Rebfläche.

Auf Traditionen aufbauen, sich den Anforderungen der Zeit stellen, den Dialog suchen und nachhaltig Handeln ist die Devise von Alois Lageder. Mitte der 1970er-Jahre leitete er einen Qualitätssprung in der Weinwelt Südtirols ein. Er verbannte die Literflasche aus dem Programm, suchte neue Erziehungssysteme bei den Weinstöcken und widmete sich bislang vernachlässigten Rebsorten. Ergebnis sind Weine, deren Namen bei Kennern ein wissendes Lächeln hervorrufen. Während Lageders familieneigene Weingärten seit mehr als zehn Jahren biologisch-dynamisch bewirtschaftet werden und mittlerweile Demeter-zertifiziert sind, ist im Kelterturm Hightech angesagt, was wiederum auf einfachen Prinzipien wie der Schwerkraft basiert. Die partnerschaftliche Zusammenarbeit mit den rund 90 Vertragswinzern erfolgt nach strengen Qualitätskriterien und umweltschonenden sowie naturnahen Vorgaben. So wird heute bereits ein Viertel dieser Flächen nach biologisch-dynamischen Grundsätzen bewirtschaftet.

SEHENS- UND WISSENSWERTES

Eine der ältesten datierten Reben Südtirols wächst in Margreid, in der Nähe des Dorfplatzes (Grafengasse). Der mächtige Rebstock, nachweislich gepflanzt im Jahre 1601, trägt auch heute noch seine roten Trauben.

Im Sinne einer ganzheitlichen Unternehmensphilosophie haben auch das Engagement für ökologische Themen und die Förderung vielfältiger Kunst-, Kultur- und Musikprojekte einen festen Platz im Weingut. Sie werden als wichtige Inspiration für das Erlebnis Wein gesehen.

DAS ANGEBOT AUF EINEN BLICK | Drei Linien: die klassischen Sorten, die Terroir-Selektionen mit z. B. Weißburgunder „Haberle", Chardonnay „Gaun", Sauvignon „Lehen", Pinot Grigio „Porer" und die Weinhöfe-Linie mit Chardonnay „Löwengang", Kalterersee „Römigberg", Blauburgunder „Krafuss", „Casòn" Rot und Weiß, Cabernet Sauvignon „Cor Römigberg" u. a.

DIE WEINEMPFEHLUNG | Chardonnay „Gaun": ausgewählte zum Weingut gehörende Parzellen von Margreid, aus zertifiziert biologisch-dynamischem Weinanbau. Noten von reifen Südfrüchten, dezent würzig, elegant und voll am Gaumen mit leichter Mineralik. Harmonisch und frisch.

WIE KOMMT MAN HIN? | Die Ansitze Tòr Löwengang und Casòn Hirschprunn von Alois Lageder liegen rund 300 m voneinander entfernt in der Ortsmitte von Margreid, an der Südtiroler Weinstraße.

ESSEN & TRINKEN

Biorestaurant und Weinschenke Vineria Paradeis in Margreid: biologische, regionale und saisonale Küche in leichter einfacher Zubereitung. Schöner Gastgarten mit großem Brunnen. So. Ruhetag. St. Gertraudplatz 10, Tel. 0471 809580.

INFOS IN KÜRZE

Alois Lageder
Grafengasse 9
39040 Margreid
Tel. 0471 809500
www.aloislageder.eu

Jan.–Feb. 11–15 Uhr, Mär.–Okt. 10–18 Uhr, Nov.–Dez. 10–17 Uhr. Kellerführungen: jeden Di. und Do., 14.30 Uhr in deutscher Sprache, 15.30 Uhr in italienischer Sprache. Garten- und Weinbergsführungen auf Anfrage.

62 Weinhof Kobler

Geradlinigkeit, Klarheit und die Farbe Weiß: Die Gestaltung von Verkostungsraum und neuem Keller zeugen vom funktionalen Denken und vom pragmatischen Ansatz des zielorientierten Winzers aus Margreid, der auf keine Traditionen Rücksicht nehmen muss.

Das Haus steht am Rande der Ortschaft, umgeben vom eigenen Weinberg. Armin Kobler, ausgebildeter Kellertechniker und aus einer Familie von Traubenlieferanten stammend, hat es irgendwann

doch gereizt, sich am eigenen Wein zu versuchen – so begann er 2006 zunächst mit einem Hektar. Und da das eine immer das andere gibt, wuchs die Fläche für die selbst vermarkteten Weine stetig. Der Fokus für Armin Kobler, der in der Weinforschung am Versuchszentrum Laimburg tätig ist, lag immer auf einem pragmatischen Zugang. Er hat viele kleine Weingüter auf den Weg gebracht, und nun sich selbst. Sieben Weine vinifiziert er im neuen Weinkeller unterm Wohnhaus, nach allen Regeln der Funktionalität und ausreichend groß für künftige Pläne gebaut. Energietechnisch durchdacht, mit Tageslicht versorgt durch ein Fenster in der Decke, das im Sommer von Pergeln beschattet wird, ist der große weiße Raum ein stilvoller Arbeitsplatz.

Alle Kobler-Weine sind zu 100% reinsortig und reinlagig, auf den grafisch klar gestalteten Etiketten kann man die Weinberge stilisiert erkennen. Die Trauben werden so spät als möglich gelesen, in jedem Wein kommen die Besonderheiten des Standortes zur Geltung. Verkostet wird im schlicht in weiß gehaltenen ebenerdigen „Weinraum". Eine spezielle Lichtführung ermöglicht die entsprechende Stimmung für jeden Anlass, das große Panoramafenster lässt sich in den Boden versenken. Spielereien für die einen, Mittel zum Zweck für Armin Kobler. Dank seines Blogs ist man immer über die neuesten Entwicklungen am Weingut informiert.

DAS ANGEBOT AUF EINEN BLICK | Chardonnay „Ogeaner", Grauer Burgunder „Klausner", Grauer Burgunder „Oberfeld", Gewürztraminer „Feld", Merlot Kretzer „Kotzner", Cabernet Franc „Puit", Merlot Riserva „Klausner".

DIE WEINEMPFEHLUNG | Merlot Kretzer „Kotzner": Statt Lagrein wird Merlot als Rosé vinifiziert, kein Saftabzug. Ausdrucksstark, viel rote Beerenfrucht, passt hervorragend zu Wildhase oder Kaninchen und zu asiatischer Küche.

WIE KOMMT MAN HIN? | Der Weinhof liegt direkt an der Weinstraße, etwa 500 Meter von der Ampel bei der Ortseinfahrt Margreid Richtung Kurtinig entfernt.

ESSEN & TRINKEN

Fischerhof Kurtatsch: Vor allem als exquisite und einfallsreiche Pizzeria bekannt, es empfiehlt sich aber auch der Blick auf die Tageskarte mit ihren eher ungewöhnlichen Kreationen. Gemütliche große Stube, lauschiger Garten. Mi. Ruhetag. Breitbach 5, Tel. 0471 880022, www.fischerhof-kurtatsch.com.

INFOS IN KÜRZE

Weinhof Kobler
Armin Kobler
Weinstraße 36
39040 Margreid
Tel. 0471 809079
www.kobler-margreid.com

Weingutsführungen auf Voranmeldung. Seminare und Verkostungen für kleine Gruppen bis zu 15 Personen mit Kellerführung nach vorheriger Anmeldung möglich.

63 Castelfeder

Der Name des stattlichen Familienbetriebes ganz im Süden des Unterlandes stammt von einem großen Porphyrhügel zwischen Montan, Neumarkt und Auer, der gekrönt ist von der gleichnamigen Burgruine. Prähistorische, aber auch römische und frühmittelalterliche Besiedlungsfunde sind Zeichen seiner strategisch günstigen Lage. Heute ist der Ort mit seinem beeindruckenden Panorama ein spannendes Biotop!

Die Größe des Betriebes, dessen Verwaltung fest in den Händen von Familie Giovanett liegt, ist der engen und guten Zusammenarbeit mit vielen kleinen Weinbauern nicht nur in der nahen Region – von den 55 ha werden nur 18 selbst bewirtschaftet – zu verdanken. Damit ist auch das Sortiment breit gestreut, das allein 15 Klassikweine aller Südtiroler Rebsorten umfasst, sogar ein Kerner bereichert die Vielfalt. Der persönliche Einsatz der einzelnen Weinbauern, die bestes Traubenmaterial liefern, macht die Qualität der Weine aus, die in der großen – und doch schon wieder aus allen Nähten platzenden – Kellerei mitten in Kurtinig entstehen. Ivan Giovanett, der mit seiner Schwester Ines 2005 in den elterlichen Betrieb eingestiegen ist, ist zu Recht stolz auf das Engagement und die perfekten Anlagen „seiner" Traubenbauern. „Reinsortige Weine müssen reinsortigen Charakter haben", so sein Credo, denn Sortencharakter gibt Sicherheit. Ein wesentlicher Teil des Erfolges von Castelfeder wird genau daraus gezogen, das zeigen ein tropisch-reifer Chardonnay oder ein aromatisch-intensiver Sauvignon. Zweite Linie sind die Riservas unter dem Namen „Burgum Novum" aus Trauben ausgewählter bester Einzellagen – „echte Riservas", wie Ivan Giovanett betont. 1989 aus dem großen Qualitätsstreben heraus entwickelt, kommen sie nach langer Barriquereifung erst nach einer weiteren Zeit der Flaschenlagerung auf den Markt; der

Chardonnay etwa 4 Jahre nach der Ernte, mächtig und doch mit prickelnder Mineralität.

DAS ANGEBOT AUF EINEN BLICK | 15 Castelfeder-Classic-Weine (8 weiß, 7 rot), 5 Weine in der Burgum-Novum-Linie (Chardonnay, Pinot Nero, Cabernet, Merlot und Passito vom Gewürztraminer), 4 Weine vom Ansitz Villa Karneid und 4 Weine in der Mont-Mès-Linie (Chardonnay, Pinot Grigio, Cuvée Bianco und Rosso).

DIE WEINEMPFEHLUNG | Pinot Nero „Glener“: aus Junganlagen von einem Weinberg oberhalb von Neumarkt. Saftig, belebend, anregend, feiner Gerbstoff, hohe Würze. Behält auch bei offener Flasche lange die Frische!

WIE KOMMT MAN HIN? | Von Tramin kommend, der Weinstraße nach Kurtinig folgen und rechts in die Franz-Harpf-Straße abbiegen. Nach etwa 250 m ist das Weingut erreicht.

ESSEN & TRINKEN

Buschenschank Planitzer: idyllischer Platz mit Fernblick in Glen, liebevoll eingerichtete Stuben und Spezialitäten je nach Jahreszeit, von Brennnesselknödeln bis zu Selchfleisch. Eigene Weine. Do.–So. geöffnet. Glen 25, Tel. 0471 819407, www.planitzer.it.

INFOS IN KÜRZE

Castelfeder
Ivan Giovanett
Franz-Harpf-Straße 15
39040 Kurtinig
Tel. 0471 820420
www.castelfeder.it

Öffnungszeiten Kellerei: Mo.–Do. 8–12 und 13–17 Uhr, Fr. 8–12 Uhr. Verkostungen nur auf Anfrage.

Gruppenverkostungen bis max. 10 Personen ausschließlich auf Anfrage.

64 Haderburg

Hoch über Salurn mit weitem Blick übers Tal liegt der Hausmannhof. Ein trutziges Anwesen, auf dem die Familie von Alois Ochsenreiter lebt und arbeitet. An das Wohngebäude schließen sich der neue Barriquekeller und die Sektlager an. Ein Musterbeispiel an Umgang mit historischer Bausubstanz, sehr geschmackvoll, funktionell und mit großer Begeisterung eingerichtet.

Die Haderburg, die beeindruckende Burgruine auf einem schwindelerregenden Felssporn in der Nähe des Hofes, ist die Namensgeberin des Weinguts. Und hier begann auch seine Geschichte. Im Keller der Ruine richtete Alois Ochsenreiter 1977 seinen ersten Sektkeller ein. Damals war Sekt etwas Besonderes, eine Marktlücke. Zehn Jahre später begann er auch Chardonnay und Blauburgunder zu keltern und blieb diesen Weinen bis heute treu. Heute bewirtschaftet Alois Ochsenreiter neben dem Hausmannhof auch den Obermairlhof in Klausen, wodurch das Sortiment um einige typische

INFOS IN KÜRZE

Weingut Haderburg
Alois Ochsenreiter
Buchholz 30
39040 Salurn
Tel. 0471 889097
www.haderburg.it

Mo.–Fr. 9–12 Uhr und 13.30–18 Uhr, Sa. 8–12 Uhr. Nach telefonischer Vereinbarung.

Nach Voranmeldung können Gruppen bis 12 Personen betreut werden.

weiße Sorten wie den Sylvaner und den Riesling erweitert wird. Die Bearbeitung der eigenen Weingüter erfolgt biodynamisch. Das Ziel ist, einen „kräftigen, langlebigen und verständlichen, aber nicht zu einfachen Wein" zu kreieren. Manche Jahrgänge werden deshalb zurückgehalten und kommen erst nach zehn Jahren in den Verkauf.

DAS ANGEBOT AUF EINEN BLICK | Vier Sekte: Brut, „Pas Dosé", Rosé, Hausmannhof Riserva. Klassische Linie „Hausmannhof" mit Chardonnay, Sauvignon, Gewürztraminer und Blauburgunder. Selektionslinie mit Sauvignon, Blauburgunder Riserva, Cuvée „Erah" (Merlot-Cabernet), Passito Gewürztraminer und Petit Manseng „Perkeo". Vom Obermairlhof im Eisacktal: Riesling, Sylvaner, Gewürztraminer.

DIE WEINEMPFEHLUNG | Haderburg „Pas Dosé": ein Schaumwein aus 85 % Chardonnay und 15 % Blauburgunder, Flaschengärung mit 36 Monaten Lagerung auf der Feinhefe. Intensiv, aber auch frisch mit feinen Brot- und Hefenoten. Anhaltende feine Perlage. Pas Dosé bedeutet, dass der Schaumwein sehr trocken ist.

WIE KOMMT MAN HIN? | Von Salurn auf der Straße Richtung Buchholz; das Gut liegt nach 3 km auf der linken Seite.

ESSEN & TRINKEN

Fichtenhof: viel besuchter Landgasthof in Gfrill hoch über Salurn mit sehr guten, saisonalen und eigenen Produkten. Geschlossen von Anfang Nov. bis Weihnachten, im Winter nur an Sonntagen oder nach Vorbestellung geöffnet, Mo. Ruhetag. Gfrill 23, Tel. 0471 889028 oder 338 3028653, www.fichtenhof.it.

Baita Garba: Ausflugslokal mit großem Gastgarten und idyllischem Ambiente zwischen Laag und Salurn, das mit über 30 Rezeptvarianten für die Forellen aus dem Teich aufwarten kann. Und wer keinen Fisch mag, für den gibt es einen Grillteller mit Fleisch. Von Apr. bis Okt. geöffnet, Di. Ruhetag. Mühlenweg 96, Tel. 0471 884492, www.baitagarba.it.

65 Brunnenhof

In den Weinbergen von Mazzon liegt der Brunnenhof von Kurt Rottensteiner. Angebaut werden hier die Sorten Gewürztraminer und Blauburgunder. Weiters wachsen auf einem tiefer gelegenen Weinberg Incrocio Manzoni und Lagrein. Der Winzer selbst ist sein schärfster Kritiker und legt höchste Qualitätskriterien an, doch seine Ergebnisse können sich sehen lassen.

Kurt Rottensteiners Weingut ist seit 1987 in Familienbesitz, doch erst seit 1999 füllt er selbst ab. Ein Großteil der insgesamt 5 ha Weinbaufläche ist mit Blauburgunder bepflanzt. Die Lage Mazzon ist optimal für diese Rebsorte, die schon seit über hundert Jahren in der Gegend angebaut wird. Die sandigen Lehmböden speichern im Sommer die Wärme gut, während sie im Herbst eher kühler sind, was für die Ausprägung der typischen Aromen sorgt.
Der Winzer arbeitet in den Weingärten biologisch und ist seit 2015 Bioland-zertifiziert. Der Ausbau der Weine erfolgt sehr feinfühlig, wobei dem Blauburgunder die größte Aufmerksamkeit geschenkt wird. Diesen gibt es nur in der Riserva-Ausgabe mit einer Reifezeit von mindestens 3 Jahren im Holzfass und in der Flasche. Eine Verkostung seiner Weine im Garten mit spektakulärer Aussicht über das Unterland und Überetsch, neben dem namensgebenden Brunnen, ist für Wein- und Naturliebhaber gleichermaßen ein besonderes Erlebnis.

DAS ANGEBOT AUF EINEN BLICK | Incrocio Manzoni „Eva“, Gewürztraminer, Blauburgunder Riserva, Lagrein „Alte Reben“.

DIE WEINEMPFEHLUNG | Blauburgunder Riserva: Paradewein des Weinguts. Sehr sortentypisch und klassisch, Duftnoten nach Erdbeere, Himbeere und Veilchen. Elegant, samtig und harmonisch mit gutem Alterungspotenzial.

WIE KOMMT MAN HIN? | Von Neumarkt-Vill kurz auf der Straße Richtung Montan, in Obervill (beim Gasthof Rauscher) Abzweigung nach rechts und der Beschilderung folgen.

ESSEN & TRINKEN

Berggasthof Dorfner: In Gschnon liegt der Berggasthof, eine gemütliche Gaststätte mit Sonnenterrasse. Raffinierte bodenständige Kost, regional mit hofeigenen Produkten und hausgemachten Spezialitäten wie Wurst und Käse. Gute Weinauswahl. Gästezimmer. Mo. Ruhetag. Gschnon 5, Tel. 0471 819924, www.dorfner.it.

INFOS IN KÜRZE

Weingut Brunnenhof
Kurt Rottensteiner
39044 Neumarkt/Mazzon
Tel. 0471 820687
www.brunnenhof-mazzon.it

Keine fixen Öffnungszeiten. Weingartenbegehungen oder Kellerführungen nach Anmeldung.

Gruppen bis etwa 10 Personen.

66 Franz Haas

Franz Haas zählt zu den wichtigsten Weinproduzenten Südtirols. Der Winzer mit dem charakteristischen Schnurrbart ist ein Tüftler und immer auf der Suche nach einem neuen Wein. Seine Visionen bleiben niemals nur Träume.

Franz Haas ist ein schlechter Verkäufer. Denn so einfach gibt er seinen Wein nicht her; der Wein muss zum Kunden passen und der Kunde muss wissen, warum er ihn haben will. Außerdem gehört sein Wein nicht zu den günstigsten des Landes. Doch trotz scheinbar widriger Umstände ist Franz Haas regelmäßig ausverkauft. Sein Angebot ist differenziert: Er ist einer der wichtigsten und besten Blauburgunder-Produzenten des Landes und doch spielt er auf der ganzen Klaviatur. Seine weiße Cuvée „Manna" passt sowohl als Aperitif als auch zu Vor- und Hauptspeise. Sie wurde gewissermaßen am Zeichentisch konstruiert und ist eine Hommage an seine Frau (dieser Wein trägt ihren Familiennamen). Seine rote Cuvée „Istante" (Cabernet Sauvignon, Cabernet Franc, Merlot, Petit Verdot) ist ein bunter, fülliger Beerenteppich, ansprechend und komplex. Franz Haas führt auch einen Dessertwein im Sortiment; sein zartwürziger „Moscato Rosa" gehört zu den meistprämierten Süßweinen Italiens. Seine Vision ist es, einen Wein von Weltformat zu kreieren; Hauptsache das Konzept passt. Ein Blanc de Noir im Champagnerstil liegt schon mal im Keller bereit. Wie hieß es schon weiter oben? Bei Franz Haas sind Visionen realistisch. Die Wege, die er beschreitet, sind eigen und führen ihn deutlich in die Höhe: Seine höchsten Lagen befinden sich derzeit auf ca. 1.150 m, nach oben sieht er kaum Grenzen.

DAS ANGEBOT AUF EINEN BLICK | Müller-Thurgau, Pinot Grigio, Weißburgunder, Sauvignon, Goldmuskateller, Petit Manseng, Traminer, Cuvée „Manna" (Riesling, Chardonnay, Gewürztraminer, Sauvignon, Kerner), Lagrein, Blauburgunder, Blauburgunder „Schweizer", Merlot, Cuvée „Istante", „Moscato Rosa".

DIE WEINEMPFEHLUNG | Blauburgunder: Aromen von Sauerkirschen und Himbeeren, frisch und lebendig mit Saftigkeit. Elegante Gerbstoffe und einladender Trinkgenuss. Nicht gerade günstig für einen „Basis"-Blauburgunder, aber sehr gut.

WIE KOMMT MAN HIN? | Von Neumarkt-Vill auf der Straße Richtung Montan, nach 1½ km liegt direkt an der Straße das Weingut von Franz Haas.

ESSEN & TRINKEN

Gasthof Krone: Wer eine längere Anfahrt nicht scheut (15 km), fährt zur „Krone" am Dorfplatz in Aldein, ein historischer Gasthof von Tradition geprägt. Bodenständige Küche für gehobene Ansprüche. Großer Weinkeller mit guter Auswahl! Im Nov. geschlossen, Mo. Ruhetag. Dorfplatz 3, Tel. 0471 886825, www.gasthof-krone.it.

Goldener Löwe: gemütliches Dorfwirtshaus in Montan; in der warmen Jahreszeit über 70 Plätze im Freien. Verfeinerte Tiroler Küche, viele saisonale Gerichte aus frischen Zutaten. Do. Ruhetag. Kirchplatz 11, Tel. 0471 819844, www.goldenerloewe.it.

INFOS IN KÜRZE

Weingut Franz Haas
Villner Str. 6
39040 Montan
Tel. 0471 812280
www.franz-haas.com

Mo.–Sa. 9–12 Uhr und 14.30–18.30 Uhr.
Gruppen bis zu 8 Personen nach Anmeldung.

67 Clemens Waldthaler

Beim ersten Versuch kann die Anfahrt ein wenig länger dauern, bis der richtige Weg durch die engen Gassen von Auer gefunden ist. Doch dann wird man für die Suche bestens entschädigt, denn das Weingut Waldthaler ist allemal einen Besuch wert! Nach dem Umbau, bei dem kaum ein Stein auf dem anderen blieb, präsentiert sich nun ein schmucker, idyllischer Hof, der mit Blumen, Sträuchern und Bänken liebevoll gestaltet wurde.

Auch die Weingärten hinter dem Haus wurden neu angelegt und erhielten ein neues Niveau, da sie mit dem Aushub für die Gebäude aufgefüllt wurden. Zuerst musste das Feld aber von riesigen Steinen geräumt werden, die der Schwarzenbach im Laufe der Jahrhunderte angeschwemmt hatte (die Mauern, die sich überall im Ort finden, wurden als Schutz vor dem Bach errichtet). Insgesamt werden 7 ha bewirtschaftet; die wichtigsten Sorten stellen Weißburgunder, Sauvignon und Pinot Grigio, Lagrein, Merlot und Cabernet dar.
Das Traditionsweingut ist seit Langem für die individuelle Ausrichtung der Weine bekannt. Dazu gehört eine sorgsame Arbeit in den Weingärten. Das bietet eine gute Grundlage für die Weine, die ein Alterungspotenzial vorweisen. Insgesamt bestechen die Weine vom Weingut Waldthaler durch ihre Lebendigkeit und nicht durch ihre Wucht. Das beste Beispiel dafür ist der „Rosso Raut", der vier Jahre im Holz liegt und sich danach noch immer frisch und fruchtig prä-

sentiert. Sohn Lorenz mit önologischer Ausbildung in Udine und Geisenheim sowie Praktika im In- und Ausland wird die zukünftigen Geschicke des Weinguts leiten.

DAS ANGEBOT AUF EINEN BLICK | Weißburgunder, Pinot Grigio, Sauvignon, Merlot Rosé, Vernatsch „Valentin“, Blauburgunder, Lagrein, Merlot, Cabernet, Merlot „Raut“, Lagrein „Raut“, Cabernet „Raut“, Rosso Cuvée „Raut“.

DIE WEINEMPFEHLUNG | Lagrein „Raut“: intensiver Duft nach dunklen Beeren, am Gaumen frisch, kräftig mit einem langen Nachhall. Stammt aus einer der besten Lagrein-Lagen Südtirols.

WIE KOMMT MAN HIN? | Vom Hauptplatz in Auer ca. 300 m zum Kirchplatz und von dort nach rechts 300 m zum Weingut.

ESSEN & TRINKEN

Gasthaus Waldthaler: Im Dorfzentrum von Auer, neben typischer Südtiroler Küche gibt es immer eine Tageskarte. Im Sommer Gastgarten. Di. Ruhetag. Hauptplatz 34, Tel. 810558, www.gasthaus-waldthaler.com.

INFOS IN KÜRZE

Weingut Clemens Waldthaler
Bachgasse 2
39040 Auer
Tel. 0471 810182
weingut.c.waldthaler@gmx.com

Keine genauen Öffnungszeiten, einfach anrufen oder vorbeikommen; Führungen nach Voranmeldung.

Kleinere Gruppen werden bevorzugt, Maximum sind 40 Personen.

68 Landesweingut Laimburg

Es kehrt sicher niemand unbeeindruckt aus den Kellern der Laimburg zurück. Die Anlage wirkt auf den ersten Blick wie ein normales Verwaltungsgebäude, doch die vielschichtige Welt des Weines zeigt sich im imposanten Felsenkeller.

Die Laimburg ist Versuchszentrum für jeden Sektor der Südtiroler Landwirtschaft, von der Fischzucht über die Imkerei bis hin zu Obst- und Weinbau; auf dem Gelände befindet sich auch die Berufsschule für angehende Obst- und Weinbauern sowie Gärtner. Die Südtiroler Sortenvielfalt wird hier abgedeckt: von Sauvignon über Weißburgunder, Gewürztraminer, Blauburgunder, Müller-Thurgau bis Vernatsch und Lagrein. Insgesamt lagern hier rund 15 typische Südtiroler Sorten, aber auch viele Versuchsweine von Rebsorten aus aller Welt. Die Weine werden unter der Bezeichnung „Gutsweine" und „Burg-Selektion" vermarktet, wobei sich das Weingut durch ein gutes Preis-Leistungs-Verhältnis auszeichnet. Das Glanzlicht des Landesweinguts – der Felsenkeller – wurde direkt aus den Porphyrfelsen des Mitterbergs gesprengt. Hier werden die Fässer gelagert, auch der Verkostungsraum und das umfassende Weinarchiv sind hier untergebracht. Der Südtiroler Landesregierung dient der Felsenkeller als Repräsentationsraum. Alles indirekt beleuchtet, blitzblank und sehr beeindruckend.

DAS ANGEBOT AUF EINEN BLICK | Über 18 verschiedene Weine, die das Sortenspektrum Südtirols zeigen, werden in zwei Linien aufgeteilt: 10 „Gutsweine" und die „Burg-Selektion" mit Sauvignon „Oyell", Gewürztraminer „Elyond", Lagrein Riserva „Barbagol", Cabernet Sauvignon „Sass Roá", Cuvée Rot „Col de Rey", Sauvignon Passito „Saphir" u. a. m.

DIE WEINEMPFEHLUNG | Pinot Grigio/Ruländer (Linie der Gutsweine): zarter Duft nach Wiesenblumen und Vanille. Füllig und körperreich. Saftig durch die knackige Säure. Die Trauben stammen aus Weingütern um Freiberg oberhalb von Meran auf ca 500 m. Ausbau hauptsächlich im großen Holzfass und teilweise im Stahltank.

WIE KOMMT MAN HIN? | Das Landesweingut Laimburg liegt südlich von Pfatten rechts der Etsch am Fuße des Mitterbergs und ist von Norden her über Pfatten oder von Süden über Auer erreichbar. Anfahrt auch von der Weinstraße über das Nordostufer des Kalterer Sees und den Kreithsattel möglich.

ESSEN & TRINKEN

Gasthof Brücke: Einfaches familiengeführtes Gasthaus in Pfatten, direkt am Etsch-Radweg gelegen und daher von Radfahrern viel besucht. Auf Fisch- und Fleischgerichte spezialisiert. Mo. Ruhetag. Pfattner Str. 19, Tel. 0471 951677, www.alponte-restaurant.com.

SEHENS- UND WISSENSWERTES

Das Landesweingut hat seinen Namen von der Ruine Laimburg auf dem Mitterberg, der das Etschtal vom Überetsch trennt. Erbaut im 13. Jh., diente die Anlage kurzzeitig als Gerichtssitz von Kaltern. Schon im 17. Jh. war die Burg allerdings verfallen. 2002 wurde die Anlage renoviert. Sie zeigt sich heute (vor allem mit Beleuchtung in den Abendstunden) sehr beeindruckend.

INFOS IN KÜRZE

Landesweingut Laimburg
Laimburg 6/Pfatten
39040 Auer
Tel. 0471 969700
www.laimburg.bz.it

Vinothek: Mo.–Fr. 8–12 und 13.30–17 Uhr. Weininteressierte Gruppen können den Keller nach Anmeldung besichtigen.

10 Personen finden in der Vinothek Platz.

69 Gumphof

Am Hof von Markus Prackwieser im Prösler Ried weht nachts der frische Wind aus dem Eisacktal und tagsüber der warme Wind vom Gardasee. Hier entsteht ein Kleinklima, das für die Trauben, besonders für fruchtige Sorten, ideal ist.

Markus Prackwieser begann schon mit 28 Jahren seine Weine selbst auszubauen. Für ihn ist die Rebe ein wildes Gewächs, das im Einklang mit der Natur gedeihen soll und so die originären Nuancen entwickelt. „Ich kenne jede Lage und will tüfteln, wo der beste Standplatz für die Reben ist“, resümiert der sympathische Winzer. Der Boden besteht aus kalkhaltiger Moräne auf Quarzporphyr. Mit der Lese bei seinem üppigen und vielschichtigen Weißburgunder und dem Sauvignon wartet er lange zu, damit sich die

INFOS IN KÜRZE

Gumphof
Markus Prackwieser
Prösler Ried 8
39050 Völs am Schlern
Tel. 0471 601190
www.gumphof.it

Keine fixen Öffnungszeiten. Telefonische Anmeldung erwünscht. Führung und Weinverkostung für Gruppen bis maximal 10–15 Teilnehmern nach Anmeldung.

Fruchtkomplexität gut entwickelt, auch werden mehrere Lesegänge durchgeführt. Diese beiden Sorten werden zum Teil und Blauburgunder zur Gänze im Holzfass ausgebaut. Besondere Aufmerksamkeit schenkt Markus Prackwieser seinen „Praesulis"-Weinen.

DAS ANGEBOT AUF EINEN BLICK | Weißburgunder, Sauvignon, Gewürztraminer, Vernatsch, Blauburgunder und „Tandaradei Süßwein Cuvée".

WIE KOMMT MAN HIN? | In Blumau zweigt die Straße nach Völs ab; nach ca. 2 km, beim Gasthof Faust, links zum Hof abbiegen.

ESSEN & TRINKEN

Hotel Restaurant Turm: Das Romantikhotel Turm am Kirchplatz in Völs besticht durch sein Ambiente, die fein-deftige Küche und das Weinangebot des Felsenkellers. Wellnessbereich mit Weinbad, Weintrester-Peeling und Traubenkernölmassage. Gehobene Preisklasse. Mitglied der Vinum Hotels Südtirol. Do. Ruhetag. Kirchplatz 9, Tel. 0471 725014, www.hotelturm.it.

Hotel Restaurant Heubad: Das stilvoll renovierte Restaurant in Völs zeigt in der Küche eine Symbiose aus Südtiroler Tradition, Bodenständigkeit und frischer Leichtigkeit. Im Sommer Garten unter Kastanienbäumen. Wellnessanlage mit originalem Heubad. Mi. Ruhetag. Schlernstr. 13, Tel. 0471 725020, www.hotelheubad.com.

SEHENS- UND WISSENSWERTES

Das Weingut steht in engem Zusammenhang mit Schloss Prösels: Auf dem Weinetikett des Gumphofs ist das Renaissanceschloss abgebildet und der Name der Weinlinie „Praesulis" leitet sich auch davon ab. Das sehenswerte Schloss im Weiler Prösels beherbergt historische Säle sowie eine Waffen- und Bildersammlung. Führungen nach Voranmeldung Nov.–Ende Apr. tgl. außer Sa., Tel. 0471 601062, www.schloss-proesels.it.

Eine weitere sehenswerte Burganlage im Eisacktal ist die Trostburg bei Waidbruck, wo der Minnesänger Oswald von Wolkenstein aufwuchs. Sie beherbergt u. a. die größte Weinpresse Südtirols. Man erreicht die Trostburg in ca. 20 Minuten über einen alten, sehr steilen Plattenweg von Waidbruck aus. Infos zu Führungen: Tel. 0471 654401, www.burgeninstitut.com.

70 Weingut Röck

Am Röckhof, der auf der Sonnenseite des Eisacktals an der Straße von Klausen nach Villanders liegt, trifft man auf eine ideale Kombination aus bäuerlicher Lebensfreude und engagiertem Weinbau.

Das alte Wirtschaftsgebäude steht noch. Und im alten Keller sind auch noch die Fässer zu sehen, in denen der Großvater von Konrad Augschöll die Weine ausgebaut hat. Dort haben heute die Speckseiten, die von der Decke hängen, genug Zeit zum Reifen – ein richtiger Buschenschank braucht eben auch guten eigenen Speck. Stolze 60 % der Weine werden ab Hof verkauft oder gleich an Ort und Stelle getrunken. Die Rebstöcke sind auf 500 bis 700 m ausgepflanzt und stehen auf Gneis und Schieferböden. Die Weine vom Röckhof sind lebendig und zeichnen sich insgesamt durch ausgeprägte Fruchtnoten und große Kompaktheit aus. Konrad Augschöll baut u. a. Riesling, Veltliner und Müller-Thurgau an sowie eine weiße Cuvée aus Gewürztraminer, Pinot Grigio und Sylvaner („Caruess"). Bei den Roten gibt es eine wirkliche Rarität: Der gewiefte Winzer hegt noch eine kleine Menge einer autochthonen urwüchsigen roten Traube, die Furner Hottler (lokal auch Hottlinger); den Wein schenkt er offen im Buschenschank aus.
2010 wurde auf dem Röckhof eine neue Kellerei unterirdisch angelegt. Dem architektonisch Neuen gegenüber offen, aber dem Alten im Herzen verbunden – der Keller stammt aus dem 16. Jh. –, diesen Eindruck erhält man bei einer Kellerführung.

DAS ANGEBOT AUF EINEN BLICK | Müller-Thurgau, Riesling „Viel Anders", Veltliner „Gailfuass",, Cuvée Weiß „Caruess" (Sylvaner, Pinot Grigio, Gewürztraminer), Cuvée Rot „Caruess" (Zweigelt, St. Laurent), Zweigelt; außerdem Brände und Destillate.

DIE WEINEMPFEHLUNG | Cuvée Weiß „Caruess": eine Assemblage aus 50 % Gewürztraminer, die restliche Hälfte Sylvaner und Pinot

Grigio. Aromatischer Wein mit sehr stark ausgeprägten Aromen nach getrockneten Beeren, deutlich wahrnehmbarer Mineralik und angenehmer Säure.

WIE KOMMT MAN HIN? | Der Röckhof liegt an Kehre 3 an der Straße von Klausen nach Villanders.

WANDERUNG

In Klausen startet im südlichen Stadtteil Auf der Frag der Törggelesteig. Er führt zuerst nach St. Valentin und nach St. Moritz in Sauders. Von dort auf dem Keschtnweg hinauf nach Villanders. An die elf Törggelebetriebe, die im Oktober und November Schlutzkrapfen, gebratene Kastanien und den „Nuien" (neuen Wein) anbieten, finden sich entlang der Strecke. Von Villanders auf Weg Nr. 4 zurück nach Klausen, hier kommen wir auch beim Röckhof vorbei. 3 Stunden Gehzeit, 300 Höhenmeter.

ESSEN & TRINKEN

Buschenschank Röckhof: traditionsreiche Küche mit hofeigenen Produkten, Törggelen, Ende Sept.–Anfang Dez. Do.–So., spezialisiert auf „Urlaub auf dem Weingut": Vier Zimmer und zwei Ferienwohnungen stehen ganzjährig für Gäste zur Verfügung. Tel. 0472 847130, www.roeck.bz.

Ansitz Steinbock: historisches Haus im Ortszentrum von Villanders mit rustikal-romantischen Stuben aus dem 16. Jh. Sehr gute Küche. Mo. Ruhetag. Franz-von-Defregger-Gasse 14, Tel. 0472 843111, www.zumsteinbock.com.

INFOS IN KÜRZE

Weingut Röck
Konrad Augschöll
St. Valentin 22
39040 Villanders

Tel. 0472 847130
www.roeck.bz

Weinverkauf, Verkostungen und Kellerführungen nach Voranmeldung.
Gruppen bis maximal 20 Personen.

71 Eisacktaler Kellerei

Die Eisacktaler Kellerei ist die jüngste Genossenschaft Südtirols. Doch mit ihren Weißweinen hat sie sich bereits einen Namen gemacht. Die Trauben kommen teilweise von ungewöhnlich steilen und sehr kleinen Anlagen.

1961 wurde die Eisacktaler Kellerei von 24 Mitgliedern gegründet; heute umfasst sie 135 Genossenschaftler. Von der produzierten Menge her betrachtet ist sie die kleinste Genossenschaft Südtirols. Seit 1991 arbeitet Thomas Dorfmann hier als Kellermeister. Die heutigen Erfolge werden auch seinen strengen Qualitätsanforderungen zugeschrieben. Es werden drei Linien ausgebaut: die klassische Linie, die Linie „Aristos" im Mittelsegment und die Linie „Sabiona" an der Spitze. Schon im Gründungsjahr wurde der Veltliner neben Sylvaner, Pinot Grigio und Gewürztraminer ausgebaut. Später kamen Kerner, Müller-Thurgau, Weißburgunder und Chardonnay sowie Sauvignon und Riesling hinzu. Die Weingärten reichen von 300 m bis zu einer Höhe von 900 m. Die Ambition zur Qualität zeigt sich auch am markanten neuen Firmengebäude. Für Besucher gibt es ein modernes Verkostungslokal mit angeschlossenem Weinverkauf.

DAS ANGEBOT AUF EINEN BLICK | 28 verschiedene Weine, neben der klassischen Linie und den Isaras Weiß und Rosé (Weinberg Dolomiten) stellen die „Aristos"-Weine die Selektionslinie dar. Im Premiumsegment finden sich die „Sabiona"-Linie mit Kerner und Sylvaner und die „Nectaris"-Passitos Kerner und Gewürztraminer.

DIE WEINEMPFEHLUNG | Sylvaner „Aristos": Die Trauben stammen aus der Umgebung von Kloster Säben (550–650 m). Ausbau zur Hälfte im Stahltank und zur Hälfte im Akazienholzfass. Elegant-

fruchtiger Wein mit angenehmer Säure und Duft nach Apfel und Pfirsich; angemessenes Preis-Leistungs-Verhältnis.

WIE KOMMT MAN HIN? | Die Kellerei liegt direkt an der Staatsstraße von Klausen nach Brixen in der Nähe der Autobahnausfahrt Klausen.

ESSEN & TRINKEN

Ansitz Fonteklaus: traditionelle Südtiroler Küche und eine gute Auswahl an Eisacktaler Weinen in idyllischer Lage mit Panoramablick über das Eisacktal. Anfahrt: Von der Straße von Klausen nach Gröden zweigt bei der Einfahrt zum Stadtzentrum auf der gegenüberliegenden Seite die schmale Straße ab. Nov.–Apr. geschlossen, Do. Ruhetag. Tel. 0471 655654, www.fonteklaus.it.

Vitalrestaurant Jasmin: mit 2 Michelin-Sternen ausgezeichnetes kleines Gourmetlokal in Klausen, exklusive Weinauswahl – eine kulinarische Reise! Reservierung erforderlich. Griesbruck 4, Tel. 0472 847448, www.bischofhof.it.

INFOS IN KÜRZE

Eisacktaler Kellerei
Leitach 50
39043 Klausen
Tel. 0472 847553
www.eisacktalerkellerei.it

Mo.–Fr. 9–13 und 14–18 Uhr, Sa. 9–13 Uhr. Mo.–Fr. Führungen nach Voranmeldung. Kellereiführungen und kommentierte Weinproben werden ab 20 Personen durchgeführt. Einzelpersonen können sich einer Gruppe anschließen.

72 Weingut Garlider

Auf halbem Weg der gewundenen Straße hinauf nach Feldthurns liegt mitten an einem der atemberaubend steilen Hänge das Anwesen von Christian Kerschbaumer. Eine friedliche Landwirtschaft, weit weg vom Verkehrstrubel im Tal drunten.

Auf dem begrünten Dach des neuen Verkostungs- und Arbeitsgebäudes weiden Ziegen, Rebzeilen und Obstbäume bilden Muster in der Landschaft. Es war – wie bei anderen Winzerkollegen auch – der Umstieg auf Bioanbau, der die Selbstvermarktung logisch werden ließ. Bei Christian Kerschbaumer geschah dies 2003, „um den Kreis von Anbau bis Vermarktung zu schließen." Von den anfangs gut 8.000 Flaschen jährlich wuchs der Familienbetrieb auf bald 30.000 Flaschen – was nicht nur am Verkaufserfolg liegt, sondern auch daran, dass viele der neu angelegten Weinberge in Ertrag kamen. Müller-Thurgau und Sylvaner wachsen auf Höhenlagen zwischen 550 und 800 m, der Blauburgunder oberhalb des Waldes am Hang über dem Hof. „Den Veltliner gab es schon vor der Reblaus, allerdings war das der Frührote. Vor 30 Jahren wurde mit der Rodung der alten Bestände Grüner Veltliner nachgesetzt", weiß der ruhige, bedächtige junge Winzer zu erzählen.

ESSEN & TRINKEN

Der **Turmwirt** in Gufidaun im alten Gerichtsschreiberhaus ist ein besonders gelungenes Ensemble aus historischem Ambiente und zeitgemäßer Kulinarik.
Der Einfallsreichtum beginnt schon bei den Basisgerichten, genau so wünscht man sich ein Südtiroler Gasthaus! Mi. und Do. Ruhetag. Gufidaun 50, Tel. 0472 844001, www.turmwirt-gufidaun.com.

Bioanbau und wenige Eingriffe im Keller bestimmen die Arbeit bei Garlider. Alle Weine gären mit eigenen Hefen ohne Temperatursteuerung, nach dem Motto: „Wenn der Wein machen kann, was er will, wird es bis zum Schluss stimmig sein." Diese Gelassenheit bekommt den Weinen, die so lange als möglich im Keller bleiben, sie strahlen Ruhe und eine große Balance aus, sind dicht in ihrer Struktur. Und begeistern mit ihrem Reifepotenzial. Was aber vor allem verblüfft, ist der deutliche Bodenton, der in allen Garlider-Weinen zum Ausdruck kommt, eine Rauchigkeit auch ganz ohne Holzeinsatz – dies sei dem Einfluss des Quarzitgesteins zuzuschreiben, wie Christian Kerschbaumer vermutet.

DAS ANGEBOT AUF EINEN BLICK | Grüner Veltliner, Sylvaner, Müller-Thurgau, Pinot Grigio, Gewürztraminer, Blauburgunder.

DIE WEINEMPFEHLUNG | Sylvaner: Wird nur im großen Akazienfass ausgebaut. Golden im Glas, Blüten, helle Nuss, Apfel, lebendig und dicht, saftig. Gaumenfülle. Köstlich zu Fischgerichten.

WIE KOMMT MAN HIN? | Bei der Autobahnabfahrt Klausen Richtung Feldthurns halten und der Straße den Berg hinauf etwa 2 km folgen. Die Zufahrt zum Weingut führt rechts hinunter und ist gut beschildert.

INFOS IN KÜRZE

Weingut Garlider
Christian Kerschbaumer
Untrum 20
39040 Feldthurns
Tel. 0472 847296

Besuch und Verkostungen nur nach Voranmeldung. Der neue moderne, ganz geradlinig in den Hang gebaute Verkostungsraum bietet Platz für bis zu 12 Personen.

73 Radoar

Hoch oben am Rande von Feldthurns, in der Idylle von steilen Obstwiesen, Weinhängen und Dolomitenblick, liegt das kleine Weingut Radoar, eines der eindrucksvollsten des Eisacktals.

„Bauer zu sein ist der schönste Beruf für mich, man kann sich in jedem Bereich entfalten", strahlt Norbert Blasbichler. Zur kleinen familiären Landwirtschaft gehören nämlich auch Obstbau und Edelkastanien – der Keschtnweg führt unmittelbar am Hof vorbei! Doch Norbert Blasbichlers Leidenschaft ist der Wein, er betrachtet es als Privileg, damit arbeiten zu dürfen. Auf dieser Meereshöhe ist das nicht unbedingt eine Selbstverständlichkeit: Die Weinberge liegen zwischen 750 und 900 m hoch und werden schon seit bald 20 Jahren biologisch bewirtschaftet. Immer wichtiger werden auch biodynamische Präparate und Teespritzungen statt handelsüblicher Mittel; die intensive Arbeit mit dem Boden zielt darauf ab, viel Frische in die Weine zu bringen.
Die Hauptsorte ist Müller-Thurgau; die Energie, die Norbert Blasbichler in die sonst wenig geschätzte Sorte legt, bringt enorm Spannendes hervor. Zum Beispiel den „Etza", seinen wichtigsten Wein aus einer Lage mit 52 Jahre alten Rebstöcken. Mit gestaffelter Lese, Spontanvergärung, einem kleinen Anteil Maischegärung und Ausbau im großen Eichenfass kommt er seinem Ziel, aus dieser Traube etwas zu machen, sehr nahe. Den Zweigelt gibt es schon seit knapp 40 Jahren am Hof, noch vom Vater ausgepflanzt; 2009 kam auch der Blauburgunder hinzu.
Die Radoar-Weine sind generell langsame Weine, die erst im Sommer nach der Ernte gefüllt werden und auch dann noch Zeit brauchen, immer auch von sehr moderatem Alkoholgehalt und hoher Frische geprägt und damit allerfeinste Essensbegleiter.

DAS ANGEBOT AUF EINEN BLICK | Müller-Thurgau, „Radoy" (Kerner) „Etza" (Müller-Thurgau), Zweigelt, „Loach" (Zweigelt/Pinot Noir), Edelbrände aus alten Obstsorten und Kastanienbrand.

DIE WEINEMPFEHLUNG | „Etza", der Lagen-Müller-Thurgau: Goldfarben, mit herrlicher Würze, zeigt sich kernig und mit guter Struktur als perfekter Essensbegleiter. Leicht zu trinken, salzig, charaktervoll mit Spannung und Frische. Lagerfähig!

WIE KOMMT MAN HIN? | Im Zentrum von Feldthurns bei der zweiten Kapelle scharf links und dann immer der kleinen Straße nach. Der Hof befindet sich rechts.

ESSEN & TRINKEN

Hauseigener **Buschenschank:** An den Wochenenden von Ende Sept. bis Ende Nov. von 11–18 Uhr. Eigene Kastanien und Marende aus ausgesuchten Zutaten.

Landgasthof Wöhrmaurer: in familiärer Atmosphäre, beste saisonale Produkte aus der Umgebung in regionstypischen Rezepten einerseits, geniale Pizzaideen andererseits – aus Dinkelvollkornmehl vom Köfelehof! Samstags Krapfen, gemütlicher Garten. Mo. Ruhetag. Tschiffnon 21, Tel. 0472 855301, www.woehrmaurer.com.

INFOS IN KÜRZE

Radoarhof
Edith und Norbert Blasbichler
Pedratz 1
39040 Feldthurns
Tel. 0472 855645
www.radoar.com

Keine fixen Öffnungszeiten. Hofglocke. Sep.–Dez. durchgehend, es empfiehlt sich jedoch die vorherige telefonische Anmeldung. Hofführungen (Stall und Brennerei inklusive Marende) und Gruppenverkostungen im neuen Verkostungsraum nach Vereinbarung bis max. 20 Personen.
Hofladen: Alle Weine und Destillate, Apfelsaft sowie frisches Obst der Saison werden im hauseigenen Bioladen angeboten.

74 Kuenhof

Einer der Gründe, warum Weine aus dem Eisacktal heute zu den besten Italiens zählen, ist die Arbeit von Peter Pliger am Kuenhof bei Brixen, der durch konsequent eingehaltene Qualitätskriterien entscheidend zum guten Ruf beigetragen hat.

Der Hof von Peter Pliger und seiner Frau Brigitte ist rund 800 Jahre alt und gehörte früher zum Brixner Domkapitel. Seit 200 Jahren ist er im Besitz der Familie. Diese Tradition ist noch zu spüren, denn am Hof wird sorgsam gesprochen und gelebt. Pliger war nicht von Haus aus Winzer, aber seine Frau stammt aus einer Weinbauernfamilie. Er selbst lernte erst mal den Beruf des Tischlers. Doch die Arbeit am Hof und mit den Trauben gefiel ihm immer mehr. Seit 1990 keltert er selber und schnell stellte sich der Erfolg ein. Unter anderem erhielt er für den Riesling „Kaiton" 1999 die ersten 3 Gläser des *Gambero Rosso* für einen Eisacktaler Wein. Heute ist Peter Pliger eine Instanz, deren Rat gesucht wird, und er kann auf einige hohe Auszeichnungen verweisen. Die sechs bewirtschafteten Hektar, sind Steillagen, die auf Urgesteinsböden und Schiefer bis auf 700 m ansteigen. Bis Brixen ist der Boden sehr mineralisch, die Weine werden dadurch frischer. Mit je zwei Hektar der Anbaufläche sind Riesling und Sylvaner die beiden Hauptsorten des Betriebs.

DAS ANGEBOT AUF EINEN BLICK | Sylvaner, Veltliner, Riesling „Kaiton", Gewürztraminer.

DIE WEINEMPFEHLUNG | Sylvaner: Duft nach Wiesenblumen und getrockneten Kräutern, mineralisch, salzig, weich, mit langem Abgang. Gutes Alterungspotenzial. Ausbau in Stahl und im Akazienholz.

WIE KOMMT MAN HIN? | Der Kuenhof liegt an der Landesstraße von Brixen nach Klausen, 3 km südlich von Brixen. Wer von Norden auf der Autobahn kommt, fährt an der Autobahnausfahrt „Brixen Industriezone" aus (Ausfahrt nur in Richtung Süden), 800 m Richtung Brixen zurück und biegt links zum Kuenhof ab.

ESSEN & TRINKEN

Kircherhof: Fam. Noflatscher ließ das 500 Jahre alte Haus bei der Kirche in Albeins vorbildlich renovieren. Ambitionierte Südtiroler und italienische Küche. Einheimische saisonale Produkte mit Vielfalt vom eigenen Garten. Vorwiegend Südtiroler Weine u. a. vom Kuenhof. Mo. Ruhetag. Albeins 12, Tel. 0472 851005, www.kircherhof.it.

Huber in Pardell: Der zur Törggelezeit viel besuchte Landgasthof liegt in der Nähe der Burg- und Klosteranlage Säben. Eigenbauweine. Mit dem Auto über Feldthurns erreichbar. März–Dez. geöffnet, Mo. Ruhetag. Tel. 0472 855479.

INFOS IN KÜRZE

Kuenhof
Peter und Brigitte Pliger
Mahr 110
39042 Brixen
Tel. 0472 850546 oder 348 8297543

Mo.–Sa. sind (außer zur Mittagszeit) Besuche nach Voranmeldung immer möglich.

Führungen und kommentierte Verkostungen für maximal 10 Personen.

75 Taschlerhof

Was für andere einfach ein unwirtlicher Steilhang ist, ist für Peter Wachtler „die schönste Lage des Eisacktals". Denn genau hier, an den Hängen südlich von Brixen, reifen die modernen Weine, die er sich wünscht. Und der Zuspruch gibt ihm Recht.

Peter Wachtler bewirtschaftet am Taschlerhof rund 4 ha. Auf etwa 500–600 Metern Meereshöhe sind seine Gewürztraminer und Sylvaner angelegt – streng nach Südosten ausgerichtet und auf mageren Schieferböden angepflanzt, was ihnen die entsprechende Mineralität verpasst. Peter Wachtler lockte die Unabhängigkeit und der Wunsch nach einem besonderen, selbst produzierten Wein. Er experimentierte zunächst mit kleinen Stahlfässern, später kamen größere Holzfässer hinzu. Im Jahr 2000 begann er sich auf dem Markt zu positionieren. Vier Sorten stehen heute im Ertrag. Neben Gewürztraminer und dem Sylvaner „Lahner" sind das ein Riesling und der Kerner, der jüngste

Wein im Bunde. Der Keller mit seinen zwei Etagen ist neu angelegt; für Besucher gibt es einen Verkostungsraum, der – mit Sichtbeton und Glas ausgestattet – auch gleich eine Visitenkarte für den Winzer ist. Von diesem aus ist der moderne Gutsbrunnen zu sehen, welcher das Wahrzeichen des Hofes darstellt und Etikett und Logo ziert.

DAS ANGEBOT AUF EINEN BLICK | Sylvaner, Sylvaner „Lahner", Kerner, Riesling, Gewürztraminer.

DIE WEINEMPFEHLUNG | Sylvaner: sehr saftig, kräuterwürzig mit Duft nach Kamille, geschmeidig am Gaumen. 100 % im Stahlfass ausgebaut, 10.000 Flaschen werden produziert.

WIE KOMMT MAN HIN? | Das Weingut liegt ca. 3 km südlich von Brixen direkt an der Straße von Brixen nach Klausen.

ESSEN & TRINKEN

Weingalerie: stilvolles Weinlokal mit umfassendem Angebot an Südtiroler und internationalen Weinen sowie ausgesuchten Wurst- und Käsespezialitäten in unmittelbarer Nähe des Hotels Elephant in Brixen. Auch Detailverkauf. So. Ruhetag, Weißlahnstr. 10, Tel. 0472 836001, www.weingalerie.it.

Restaurant Unterwirt Gufidaun: Familie Haselwanter führt das alte Wirtshaus, das nun in gepflegtem stilvollen Ambiente glänzt. Thomas kredenzt traditionelle Gerichte mit modernem Einfluss. Seine Frau Connie berät kompetent in Sachen Wein. Di.–Sa. nur abends, März–Ende Okt. So. mittags geöffnet. Tel. 0472 844000, www.unterwirt-gufidaun.com.

INFOS IN KÜRZE

Taschlerhof
Peter Wachtler
Mahr 107
39042 Brixen
Tel. 0472 851091
oder 335 6914480
www.taschlerhof.com

Ab-Hof-Verkauf, Verkostungen und Führungen nach Voranmeldung. Gruppen bis maximal 12 Personen.

76 Manni Nössing

Zu den eigenwilligen, doch höchst sympathischen kreativen Winzern im Eisacktal zählt Manni Nössing. Sein Weingut in Kranebitt bei Brixen ist schon von Weitem an dem neu erbauten Turm zu erkennen, in dem sich die Produktion abspielt und an dessen Spitze ein neuer Verkostungsraum einen weiten Blick übers Land erlaubt.

Seine rasante Karriere begann Ende der 1990er-Jahre. Damals betrieb Manfred Nössing noch eine Landwirtschaft mit Vieh und Obstbau und die Trauben lieferte er an die Stiftskellerei in Neustift. Doch dann juckte es ihn in den Fingern, es selbst mit Wein zu versuchen. Alles begann mit dem Blauen Zweigelt, welchen er ins Barrique steckte und „Espan" nannte. Danach versuchte er es mit Kerner und Müller Thurgau. 2000 kelterte er sämtlichen Traubenertrag selbst. Heute bewirtschaftet Manni Nössing insgesamt 6,4 ha. Er kennt seine Qualitäten und muss sich diese von niemandem bestätigen lassen, weshalb er die Teilnahme an der renommierten *Gambero-Rosso*-Verkostung verweigert (was bei einem Querdenker der Weinszene

nicht so ungewöhnlich ist). Kompromisse macht er kaum. Den Gewürztraminer wird es in Zukunft nicht mehr geben, er wird gänzlich von Grünem Veltliner ersetzt, in dem der Winzer großes Potenzial sieht.

DAS ANGEBOT AUF EINEN BLICK | Müller-Thurgau „Sass Rigais", Riesling, Sauvignon, Kerner, Sylvaner, Grüner Veltliner.

DIE WEINEMPFEHLUNG | Müller-Thurgau „Sass Rigais": nach Kräuter duftender, würziger Wein mit knackiger Säure. Der Weinberg befindet sich auf 700–800 m Höhe in Teis im Villnösser Tal. Ein richtiger Bergwein.

WIE KOMMT MAN HIN? | Beim Kreisverkehr am nördlichen Stadtrand von Brixen über die Brücke und die Weinbergstraße hinauf nach Kranebitt zum Hoandlhof, der Beschilderung für Gasthaus Haller folgen, genau gegenüber diesem finden Sie den Hof.

ESSEN & TRINKEN

Hotel Elephant: Das traditionsreiche Restaurant des Viersternehauses in Brixen hat Stuben aus dem 16. Jh. und eine sehr gepflegte Küche vorzuweisen. Aufgetischt werden u. a. Eisacktaler Spezialitäten und eine beträchtliche Auswahl regionaler Weine. Nov., Jan. und Feb. geschlossen, kein Ruhetag, Reservierung erwünscht. Weißlahnstr. 4, Tel. 0472 832750, www.hotelelephant.com.

Gasthof Haller: Gleich neben dem Hoandlhof gelegen, mit regionalen Spezialitäten. Für Übernachtungen stehen reizende Zimmer zur Verfügung. Mo. Abend und Di. Ruhetag. Weinbergstr. 68, Tel. 0472 834601, www.gasthof-haller.com.

INFOS IN KÜRZE

Hoandlhof
Manni Nössing
Weinbergstr. 66
39042 Brixen
Tel. 0472 835993 und 335 5935111
www.manninossing.it

Termine nur nach telefonischer Anmeldung!
Gruppen bis maximal 10 Personen.

77 Köfererhof

Der Köfererhof im besten Anbaugebiet des Brixner Beckens ist nicht nur aufgrund des Weines ein lohnendes Ziel. Darüber hinaus wird ein Restaurant betrieben, das mit einem klassischen Speisenangebot und einer wunderbaren Aussicht lockt.

Das Restaurant war der Grund, dass hier heute bemerkenswerte Weine zu verkosten sind. Um den Gästen nämlich einen eigenen Wein anbieten zu können, begann Familie Kerschbaumer 1991 selbst einzukellern. Heute werden Sylvaner, Müller-Thurgau, Kerner, Pinot Grigio, Gewürztraminer und Riesling auf 5,5 ha angebaut. Trauben von weiteren 4,5 ha stammen von Zulieferern. Die Reben stehen rund um den Hof, teils über, teils unterhalb der Pustertaler Straße. Im Weinberg wird kontrolliert integriert gearbeitet, doch der Trend geht immer stärker in Richtung ökologische Maßnahmen. „Der Wein muss eine eigene Handschrift haben, das ist für mich Sortentypizität, Frische, Salzigkeit und Eleganz", meint Günther Kerschbaumer. Das lässt sich am Stil seiner Weißweine auch erkennen: Der Riesling zeigt sich würzig und üppig; der Gewürztraminer ist typisch fürs Eisacktal, also schlanker und trockener als die bekannten Weine der Sorte aus dem restlichen Südtirol. Mit 25% ist der Kerner zur wichtigsten Rebsorte avanciert. Verkauft werden die Weine im Hofladen, Verkostungen finden in einer alten Stube des Bauernhauses statt. Eine Neugestaltung des Hofladens ist geplant.

DAS ANGEBOT AUF EINEN BLICK | Müller-Thurgau, Kerner, Pinot Grigio, Sylvaner, Sylvaner „R", Grüner Veltliner, Riesling, Gewürztraminer.

DIE WEINEMPFEHLUNG | Pinot Grigio: hochprämierter Wein, vermutlich einer der besten dieser Sorte im Lande. Würzig-duftig mit feiner Aromatik, cremig mit feiner Säure und Mineralität. Mit langem Nachhall. Wird im großen Holzfass ca. 6–7 Monate auf der Feinhefe ausgebaut.

WIE KOMMT MAN HIN? | 2 km nach der Abzweigung der Pustertaler Straße beim Kreisverkehr Brixen Nord Richtung Bruneck liegt der Hof exponiert linkerhand auf einem Hügel mit Blick aufs Kloster Neustift.

ESSEN & TRINKEN

Im Herbst ist der **Köferer** ein beliebtes Törggelelokal aber auch ein Restaurant mit Panoramaterrasse, traditioneller Südtiroler und Eisacktaler Küche. Alle Weine vom Köfererhof gibt's glasweise. Sitzgelegenheit für über hundert Personen, ganzjährig geöffnet, Di. Ruhetag. Tel. 0472 836649

Gasthof Fink: Traditionslokal in der Altstadt von Brixen. Im Parterre Café-Konditorei. Restaurant für kleine Speisen. Im ersten Stock wird gediegen aufgekocht. Große und gute Weinauswahl mit fast allen Köfererweinen im Sortiment. Di. abends und Mi. Ruhetag. Kleine Lauben 4, Tel. 0472 834883, www.restaurant-fink.it.

INFOS IN KÜRZE

Köfererhof
Gaby und Günther Kerschbaumer
Pustertaler Str. 3
39040 Neustift/Vahrn
Tel. 347 4778009

Verkostungen in der Bar im Restaurant und im Hofladen von 10–18 Uhr. Besichtigungen und Führungen nach Anmeldung.

Maximal 25 Personen nach Voranmeldung.

78 Augustiner Chorherrenstift Neustift

1142 von Bischof Hartmann in unmittelbarer Nähe der Bischofsstadt Brixen gegründet, entwickelte sich Neustift zu einem der bedeutendsten geistigen Zentren Tirols. Heute ist das Kloster ein beliebtes Ausflugsziel, nicht zuletzt, weil die Chorherren die wichtigste Privatkellerei im Eisacktal führen.

Wirtschaftlich ist das Augustiner Chorherrenstift Neustift – insbesondere dank der klostereigenen Kellerei – weitgehend eigenständig. Seit jeher verfügt das Stift über Weingüter. Sie befinden sich in unmittelbarer Nähe des Klosters und im Raum Bozen. Rund um Neustift wird ausschließlich Weißwein angebaut. Unmittelbar beim Kloster beginnen die Anlagen, die bis auf 900 m hinaufreichen. Ungefähr ein Viertel des Sortiments sind Rotweine: Der Kalterersee, der Blauburgunder und der Rosenmuskateller kommen vom hauseigenen Weingut Marklhof in Girlan, der Lagrein von der kleinen Anbaufläche rund um Mariaheim im Neustifter Weg in Bozen. Wie bei vielen größeren Betrieben – immerhin werden 700.000 Flaschen jährlich produziert – werden die Weine in zwei Qualitätslinien vermarktet. Die Toplinie trägt den Namen „Praepositus".

INFOS IN KÜRZE

Stiftskellerei Neustift
Stiftstr. 1
39040 Vahrn
Tel. 0472 836189
www.kloster-neustift.it

Kommentierte Verkostungen, Keller- und Weinbergführungen sowie Stiftsführungen (ab 10 Personen): Mo.–Sa. 10, 11, 14, 15 und 16 Uhr; Mitte Juli–Mitte Sep. auch 12 und 13 Uhr; um 11 und 15 Uhr ganzjährig Führungen auch mit wenigen Teilnehmern. Für Gruppen Anmeldung erforderlich.

DAS ANGEBOT AUF EINEN BLICK | 24 Weine in zwei Linien, von den fruchtig-saftigen Eisacktaler Weißweinen wie Sylvaner, Müller-Thurgau, Kerner, Grüner Veltliner, Gewürztraminer bis zum süßen Rosenmuskateller; außerdem Sylvanerschnaps, „Abbagnac“ (Trester aus aromatischen Sorten, sechs Monate Holzlagerung) und Kräutertee.

DIE WEINEMPFEHLUNG | Sylvaner: frischer, eleganter Weißwein, mit Aromen von Birne, Apfel und Honigmelone. Feine Mineralität mit saftigem Abgang. Ausbau zum Großteil im Stahltank und ein kleiner Teil im großen Holzfass. Sehr gutes Preis-Leistungs-Verhältnis.

WIE KOMMT MAN HIN? | Von Vahrn bei Brixen gut beschilderte Straße (2 km) nach Neustift, dessen Ortsbild von der ausgedehnten Klosteranlage beherrscht wird. Von Brixen aus wird Neustift halbstündlich vom Citybus angefahren.

ESSEN & TRINKEN

Der **Stiftskeller**, untergebracht in der einstigen Klostermühle, ist ein beliebtes Ausflugslokal mit urigen Stuben und Gastgarten. Traditionelle Gerichte. 10–19 Uhr geöffnet, So. Ruhetag. Tel. 0472 836189

Künstlerstübele Finsterwirt: unverfälschte Südtiroler Küche im ersten Stock des historischen Gasthofs in Brixen. Im Parterre findet sich die „Kapitelschenke“ mit einem idyllischen Gastgarten. So. abends und Mo. Ruhetag (außer Feiertage). Domgasse 3, Tel. 0472 835343, www.finsterwirt.com.

SEHENS- UND WISSENSWERTES

Wer über das Kloster Neustift spricht, ist mit Superlativen schnell bei der Hand. Die Stiftsanlage bildet eines der bedeutendsten architektonischen Ensembles in Südtirol. Bauwerke aus der Romanik, der Gotik, dem Barock bis hin zum Rokoko sowie zahlreiche Kunstschätze zeugen von der langen Geschichte des Klosters. Allein die Stiftskirche, in der übrigens Oswald von Wolkenstein begraben liegt, zieht jährlich viele Besucher an. Die Stiftsbibliothek umfasst rund 96.000 Bände, ein Viertel davon ist in Wandschränken in einem Rokokosaal untergebracht, der als schönster Profanraum des 18. Jh. in Südtirol gilt. Im Museum werden zudem zahlreiche naturwissenschaftliche Instrumente gezeigt: Uhren unterschiedlicher Stilrichtungen, Teleskope, alte Globen und Landkarten. Infos zu Führungen: Tel. 0472 836189, www.kloster-neustift.it.

79 Pacherhof

Der „Alte Pacher" in Neustift ist nicht nur einer der ältesten Törggelehöfe im Eisacktal, sondern auch ein gut ausgestattetes 4-Sterne-Hotel, das jeden Komfort bietet. Darüber hinaus erzeugt hier Andreas Huber hervorragende klar-knackige Weißweine, die mittlerweile große Beachtung erregen.

Als Andreas Huber vom *Gambero Rosso* zum „Senkrechtstarter des Jahres 2006" ernannt wurde, war außerhalb Südtirols das Erstaunen groß, denn für die meisten war er ein Unbekannter. Mit der wichtigsten Sorte des Betriebes, dem Kerner, aber auch mit dem Müller-Thurgau und dessen Anbau in hohen Lagen steckt sich Andreas Huber große Ziele. Die zwei anderen wichtigen Sorten sind der Sylvaner und der Riesling. Unter Andreas' Führung wuchs die Anbaufläche um das Doppelte auf nun insgesamt 8,5 ha eigene Fläche. Insgesamt verarbeitet er Trauben von 12 ha Rebfläche. Die Reben wachsen rund ums Haus in einer Höhe zwischen 600 und 750 m. Sie stehen auf leichten, schottrigen Schieferböden und sind großteils nach Südwesten oder Süden ausgerichtet. Vom Sylvaner werden zwei Qualitäten ausgebaut: eine frische Variante von jungen Stöcken und eine Version von mittlerweile über 40 Jahre alten Reben. Im stimmungsvollen Verkostungsraum des Rundgewölbekellers, der im Frühjahr 2015 geschmackvoll neu gestaltet wurde, finden bis zu 20 Personen Platz.

INFOS IN KÜRZE

Pacherhof
Andreas Huber
39040 Neustift/Vahrn
Tel. 0472 835717
www.pacherhof.com

Weinkauf und -verkostung sind ganztägig möglich, 9–22 Uhr. Geführte Weinverkostung samt Kellerbesichtigung für Gruppen bis zu 20 Personen nach Anmeldung.

DAS ANGEBOT AUF EINEN BLICK | Müller-Thurgau, Kerner, Sylvaner, Sylvaner „Alte Reben", Pinot Grigio, Riesling, Grüner Veltliner, Gewürztraminer.

DIE WEINEMPFEHLUNG | Kerner: duftig nach Kräutern und Wiesenblumen, frisch und saftig. Ausgebaut im Stahltank. Gut gekühlt ideal als Aperitif oder für warme Sommertage.

WIE KOMMT MAN HIN? | Von Brixen Richtung Pustertal, nach 1 km rechts abbiegen und durch die Weinberge ca. 400 m hoch zum Hotel Weingut Pacherhof (nicht zu verwechseln mit dem Hotel Pacher, welches direkt an der Pustertaler Straße liegt).

ESSEN & TRINKEN

Der **Pacherhof** ist von Mitte März bis Mitte Jänner geöffnet, im Herbst ist er ein viel besuchter Törggelebetrieb. Restaurant mit kleiner Karte zu Mittag, auf Vorbestellung Essen für bis zu 70 Personen. 2014 zum 4-Sterne-Hotel erweitert, sehr geschmackvoll und modern, ist Mitglied der Vinum Hotels Südtirol. Kein Ruhetag. Tel. 0472 835717

Vinus – Peter's Weinbistro ist die erste Adresse für Wein im nahen Brixen. Über 600 Weine, lauschiger Gastgarten und Bistro-Küche. Sa. abends und So. Ruhetag. Altenmarktgasse 6, Tel. 0472 831583, www.vinothekvinus.it.

WANDERUNG

Von Oktober bis November, wenn der Wein schon verarbeitet ist und die Kastanien reif sind, beginnt die Zeit des Törggelens. Dieser Brauch hat seinen Ursprung im Eisacktal. Dann kehrt man in den Höfen ein, um den jungen Wein zu probieren, gebratene Kastanien zu essen und um Schlutzkrapfen, Hauswürsten und Selchkarree zuzusprechen.
Von Neustift führt der Törggeleweg zuerst zum Pacherhof (Markierung blau weiß und T), dann weiter zum Weingut Strasserhof (Tel. 0472 830804). Von dort geht es hinunter zur Pustertaler Straße. Über den Nössingbühel und die Riggerbrücke auf die gegenüberliegende Seite des Eisackflusses und weiter zum Vorderriggerhof (Mo. Ruhetag, Tel. 0472 832167). Von dort zum Grießerhof (Tel. 0472 834805). Von da ist man in wenigen Minuten wieder in Neustift. 1 Stunde Gehzeit, 120 Höhenmeter.

Genuss auf den Punkt gebracht.
SÜDTIROL

Veranstaltungen rund um den Wein

GANZJÄHRIG

Die **WEINSAFARI** ist eine eintägige Entdeckungsreise im Kleinbus, bei der in einer kleinen Gruppe alte Weinhöfe, Weinkellereien und interessante Kulturdenkmäler entlang der Südtiroler Weinstraße besucht sowie kulinarische Leckerbissen und Weine verkostet werden. Es gibt Kurzreferate über Wein und Weinanbau, kommentierte Weinverkostungen und kulturelle Führungen. Die Weinsafari findet bei mindestens zehn Teilnehmern an jedem ersten Donnerstag statt (Preis pro Person inkl. Degustationsmenü, Busfahrt, Begleitung, Verkostung, Imbiss am Abend, Dorf- bzw. Stadtführung: ca. 110 €). Infos und Anmeldung: Verband Südtiroler Weinstraße, Tel. 0471 860659, www.suedtiroler-weinstrasse.it/weinsafari

Die Vereinigung der **FREIEN WEINBAUERN SÜDTIROLS** stellt ihre Weine bei **VERKOSTUNGEN** auf unterschiedlichen Weinhöfen vor. Infos: Tel. 0471 238002, www.fws.it

MÄRZ

BOZNER WEINKOST in Schloss Maretsch: Über 300 Weine von rund 60 Südtiroler Kellereien werden am ersten Maiwochenende von den Kellermeistern persönlich vorgestellt. Kellereibesichtigungen, eine Weinparty am Donnerstagabend und spezielle Sortenverkostungen runden das Programm ab. Der Vernatsch-Cup im Vigilius Mountain Resort am Vigiljoch (www.vernatschcup.it) ist Teil des Rahmenprogramms: Eine international besetzte Jury nimmt dafür an die 80 Vernatsch-Weine von über 40 Kellereien unter die Lupe. Infos und Anmeldungen: Bozner Weinkost, Tel. 0471 975117, www.weinkost.it

APRIL

Jedes Jahr im Frühling kann beim beliebten **WEINWANDERTAG** das Weindorf Kaltern erkundet werden. Betriebe öffnen ihre Tore, angeboten werden eine Weinbergführung, Weinverkostungen vor Ort, Besichtigungen, kulinarische Leckerbissen, Shuttledienst. Infos: Tel. 0471 965410, www.wein.kaltern.com

MAI

Im Zwei-Jahres-Rhythmus stellt das dreitägige **GENUSSFESTIVAL SÜDTIROL** rund um den Waltherplatz im Zentrum von Bozen das Genussland Südtirol und seine hochwertigen Qualitätsprodukte vor. Es gibt eine Genussmeile mit einheimischer Küche und ein populäres Rahmenprogramm. Dabei hat selbstredend auch der Südtiroler Wein und Sekt einen gebührenden Auftritt in der so genannten Weinlounge. Infos: www.genussfestival.it

Im Mai/Juni werden die 16 Weinbaugemeinden entlang der Südtiroler Weinstraße zum Schauplatz der **SÜDTIROLER WEINSTRASSENWOCHEN** mit Weinseminaren und Verkostungen, Weintreffs und Weintagen, Vorträgen mit Vergleichsverkostungen, Weinmenüs, gastronomischen Köstlichkeiten, Weinberg- und Kellerführungen, Kunstausstellungen und vielem mehr. Mit der **NACHT DER KELLER** wird der Veranstaltungsreigen abgeschlossen: Rund 30 Kellereigenossenschaften, private Weinkellereien und Winzer an der Südtiroler Weinstraße öffnen dann ihre Tore für Besucher. Rahmenprogramm. Infos: Südtiroler Weinstraße, Tel. 0471 860659, www.suedtiroler-weinstrasse.it

Die **SÜDTIROLER BLAUBURGUNDERTAGE** finden Mitte Mai in Neumarkt und Montan statt und haben den „König der Weine", den Blauburgunder, zum Thema. Neben Vorträgen und einer Wettbewerbsverkostung gibt es eine große, internationale zweitägige Verkostung. Infos: Tel. 331 8179859, www.blauburgunder.it

Jeden Samstag im Mai und Oktober werden unter dem Namen **BACCHUS URBANUS** Führungen durch die Bozner Anbaugebiete des St. Magdaleners und des Lagreins angeboten, mit Besichtigung einer Kellerei und Weinverkostung. Infos: Verkehrsamt Bozen, Tel. 0471 307000, www.bolzano-bozen.it

Am letzten Dienstagabend im Mai feiert Kaltern **GANZ IN WEISS** die besten Weißweine der Gegend; die Gäste halten sich weitgehend an den Dresscode – „weiß". Infos: Tel. 0471 963169, www.kaltern.com

JULI

GEWÜRZTRAMINER WEINSTRASSE | Anfang/Mitte Juli im historischen Ortskern von Tramin. Rund 22 Kellereien bieten ihre Gewürztraminer in eigens dafür kreierten Weingläsern zur Verkostung an. Parallel dazu findet jedes zweite Jahr an drei Tagen das Internationale Gewürztraminer-Symposion statt. Infos: Tourismusverein Tramin, Tel. 0471 860131, www.tramin.com

KIRCHTAG IN ST. MAGDALENA | Am 22. Juli verwandelt sich der Hügel von St. Magdalena, der dem Rotwein seinen Namen gibt, in einen Festplatz. Infos: Verkehrsamt Bozen, Tel. 0471 307000, www.bolzano-bozen.it

TREFFPUNKT WEIN | Eisacktaler Weinproduzenten stellen Ende Juli unter den Lauben von Brixen ihre Weine vor. Infos: Tourismusverein Brixen, Tel. 0472 836401, www.brixen.org

WEIN-KULTUR-WOCHEN in St. Pauls/Eppan: Das Dorf steht Ende Juli ganz im Zeichen des Weins. Verkostungen und Weinversteigerungen zählen ebenso zum Programm wie Lesungen und Liederabende, Schloss- und Hofkonzerte. Einer der Höhepunkte der Wein-Kultur-Wochen ist die **GASTLICHE TAFEL IN DEN GASSEN VON ST. PAULS** unter der Regie von Sternekoch Herbert Hintner. Infos: Tourismusverein Eppan, Tel. 0471 662206, www.weinkulturwochen.com

AUGUST

LORENZINACHT | Am 10. August stellen sich unter den Bozner Lauben die Kellereien von Bozen vor. Kulturell und kulinarisch stimmige Veranstaltung. Infos: Verkehrsamt Bozen, Tel. 0471 307000, www.bolzano-bozen.it

Mitte August/Anfang September erfreuen sich die **KALTERER WEINTAGE** auf dem historischen Marktplatz großer Beliebtheit. Infos: Wein.Kaltern, Tel. 0471 965410, www.wein.kaltern.com

SEPTEMBER

An den letzten zwei Samstagen im September und am ersten Samstag im Oktober findet in der stimmungsvollen Altstadt von Klausen das **„GASSLTÖRGGELEN“** statt. Infos: Tourismusverein Klausen, Tel. 0472 847424, www.klausen.it

OKTOBER

Im Oktober findet in Bozen die Messe **HOTEL** statt, eine Fachmesse für Hotellerie und Gastronomie, mit zahlreichen Events rund um den Wein, darunter die **AUTOCHTONA** oder **TASTING LAGREIN**. Infos: Tel. 0471 516000, www.messebozen.it

Unter dem Titel **VINEA TIROLENSIS** präsentieren die Freien Weinbauern Südtirols im Oktober das Spektrum ihrer Qualitätsweine in der Messe Bozen. Infos: Tel. 0471 238002, www.fws.it

Jeden Samstag im Mai und Oktober werden unter dem Namen **BACCHUS URBANUS** Führungen durch die Bozner Anbaugebiete des St. Magdaleners und des Lagreins angeboten, mit Besichtigung einer Kellerei und Weinverkostung. Infos: Verkehrsamt Bozen, Tel. 0471 307000, www.bolzano-bozen.it

Ende Oktober werden in Auer die traditionellen **UNTERLANDLER WEINKOSTTAGE** organisiert. Infos: Feriendestination Castelfeder, Tel. 0471 810231, www.castelfeder.info

Beim **TRAMINER WEINGASSL** werden Traminer Weine in eigens dafür kreierten Gläsern verkostet. Mit Kastanien, Krapfen und anderen herbstlichen Köstlichkeiten. Infos: Tourismusverein Tramin, Tel. 0471 860131 www.tramin.com

NOVEMBER

MERAN INTERNATIONAL WINE FESTIVAL UND CULINARIA: Der exklusive, dreitägige Treff findet Mitte November im Kurhaus Meran statt. Renommierte Produzenten aus aller Welt und Südtiroler Winzer präsentieren persönlich ihre Weine. Gleichzeitig werden bei der „Culinaria“ gastronomische Spezialitäten verkostet. Infos: Tel. 0473 210011, www.meranowinefestival.com, www.gourmetsi.com

Bei den **RIESLINGTAGEN** im November in Naturns treten die besten Südtiroler Rieslinge gegen eine starke internationale Konkurrenz an. Abwechslungsreiches Rahmenprogramm. Infos: Tel. 0473 666077, www.rieslingtage.it

Hinweise und nützliche Adressen

Beste Zeit für **WEIN-REISEN:** Von Ostern bis Herbst. Zu Zeiten der Lese (normalerweise von Mitte September bis Mitte Oktober) sind Besichtigungen von Kleinbetrieben aufgrund der begrenzten Kapazitäten nicht leicht möglich.

WETTERBERICHT MIT WETTER-WEBCAM: www.provinz.bz.it/wetter; www.suedtirol.com/webcam

ALLES WISSENSWERTE ÜBER DEN SÜDTIROLER WEIN:
www.suedtirolwein.com

VINUM HOTELS SÜDTIROL

Rund 30 Südtiroler Hotels in den Sternekategorien 3s bis 5 haben sich als Angebotsgruppe organisiert und auf das Thema Wein spezialisiert. Dazu haben sie Qualitätskriterien formuliert, die von externen Experten periodisch überprüft werden. Die einzelnen Häuser bieten Gästen mit Vorliebe für Wein und Genuss besondere Erfahrung rund um den Südtiroler Wein. Dafür pflegen sie eine zeitgemäße Weinkultur bei Tisch (Gläser, Weinservice ...), lagern in ihren Weinkellern ein repräsentatives Angebot Südtiroler Leitsorten – diese werden auch glasweise ausgeschenkt! – und geben Empfehlungen regionaler Weine zu den Gerichten auf den Menükarten. Regelmäßig angeboten werden Weinberg- und Kellerführungen sowie Weinseminare und -verkostungen.
Alle Hotels liegen in Weinbaugebieten Südtirols und garantieren somit auch ein stimmiges Umfeld. www.vinumhotels.com